できてるつもりのアクティブラーニング

片山紀子 編著　森口光輔 著

はじめに

「アクティブラーニング」って聞いたことありますよね？　話題になっているアレです。

「アクティブラーニング？　そんなの知ってるけど!?」

「やってるよ。それくらいなら」

意欲的な先生ならもちろんやっているはずです。学校現場では、アクティブラーニング化が叫ばれているので、なんとなくであったとしても、こんな感じかな？と挑戦していらっしゃるのではないでしょうか？

でも、そのアクティブラーニング、うまくいっていますか？　やってみたところ、なかなかうまくいかないという声をよく聞くのですが、あなたは大丈夫ですか？

アクティブラーニングは、単に子どもに活動させればよいというような単純なものではありません。知識の修得を目的としながら、思考力や問題解決力を育てていくのがアクティブラーニングで、これを成功に導くには、様々な角度から迫っていく必要があります。

筆者らは、それらの中でアクティブラーニング成功のカギは「話し合い」にあると考えました。すなわち「話し合い」を核にすることで、アクティブラーニングはより確かなものになると考えたのです。

なかなかアクティブラーニングがうまくいかないと思っていらっしゃる先生。アクティブラーニングのカギとなる話し合いをグレードアップさせて、新たな一歩を踏み出してみませんか? 小学校の先生はもちろんのこと、アクティブラーニングをちょっと苦手とする中学校や高校の先生、そして授業改革を迫られている大学の先生にも手に取っていただけたらとてもうれしいです。

本書で紹介する事柄をできるものから少しずつやっていただくと、ある時期ふと「あれ? なんとなく形になってきたかな!?」と思う瞬間が訪れるはずです。筆者らは、その瞬間が読者のみなさん一人ひとりに必ず訪れると強く信じています。

目次

第2章 こんな授業になっていませんか？

第3章 なぜ今、アクティブラーニングなのか

第4章 これがほんとの「アクティブラーニング」型授業！

第6章 アクティブラーニングを成功させるためのテクニック

第7章 さあ、やってみよう！

第8章 おわりよければすべてよし

第1章 それって「アクティブラーニング」ですか？

1 アクティブラーニングってなかなかうまくいかない？

「アクティブラーニングにしているつもりなんだけど、なんか、ぎくしゃくしてるっていうか、もりあがらないなぁ……」

「アクティブラーニングが求められているのはわかる。けれど、なんかただの意見の発表で終わっちゃうんですよね～」

「アクティブラーニングは意識しているんだけど、進め方が今一つわからないんだよね～」

「あるある」

でも、それってホントにアクティブラーニングになっていますか？　実は、意欲的な先生ほど、あるいは実際にやってみた先生ほどアクティブラーニングは難しいと、感じるようです。

「必要性も感じているし、一生懸命やっているのに……」

いったい何がだめなんでしょうか？　どこが違うんでしょうか？

イキ☆
イキ☆
…。

2 アクティブラーニングって時間かかるの？

こんな声を聞くこともあるんですが……。

「アクティブラーニングって、けっこう時間食うんだよ……もしかしてアクティブラーニングって時間の無駄？」

確かにアクティブラーニング化することによって、一方通行型の授業ではあまり発生しない活動時間が余分にかかりますよね。それって、やっぱり時間の無駄じゃないでしょうか？

学校で与えられた学習時間には限りがあります。いくらアクティブラーニングが大事だとはいえ、無尽蔵に時間をかけられるものではありませんよね。限られた時間の中でアクティブラーニングってやれるのでしょうか？ やれるとしたらいったいどのように行ったらよいのでしょうか？

あわ
あわ

3 子どもが置き去りのアクティブラーニングでいいの？

最近、教室をのぞくとアクティブラーニングに必死に取り組む先生をみかけることが多くなりました。頼もしいですね。

その一方、アクティブラーニングを意識した授業をしようと、先生ばかりが張り切って空回りしている場面もよく見かけます。先生のペースで必死に進めようと力み過ぎて、子どもが置き去りにされているのです。それっていいんですか？

先生は、自分の思い描いた話し合いの姿、それも完成された話し合いの姿をイメージして進めていると思うのですが、そのイメージと子どもたちの実際の姿との間にどうもギャップがあるようです。

授業の主役は先生ではありませんよね？　授業の主役はあくまでも子どものはずです。アクティブラーニングという言葉に踊らされて、授業の主役が誰なのか見失っては本末転倒です。

でも、子ども主体のアクティブラーニングって、具体的にはどうしたらよいのでしょうか？

4

一方通行型の授業のままでいいの？

アクティブラーニングを意識して授業を行おうとすると、授業の目標はおろか活動内容や時間配分など従来と大きく異なってきます。面倒くさそうですね？でも、だからってこれまで通りの一方通行型の授業でいいんですか？

いえいえ、それだとまずいですよね。一方通行型の授業では思考を活性化させることに限界があります。今後、ますます世の中のグローバル化が加速していくと、異なる他者とお互いに理解し合いながら生きていくことが必至となっていくため、アクティブラーニングによる授業で異なる他者とうまくやっていける力をつけることが、必要になってくるのではないでしょうか？

中教審諮問（2015年）「初等中等教育における教育課程の基準等の在り方について」を見ても、アクティブラーニングの具体的なあり方や教材、評価等についての諮問がなされており、アクティブラーニングに対する関心は引き続き高いといえるでしょう。

このため、小学校や中学校であれ、あるいは高等学校や、大学であれ、今後はより一層アクティブラーニング化が進むと考えられます。アクティブラーニングは、一見遠回りの学習法に見えるかもしれませんが、そのポイントさえ押さえることができれば、アクティブラーニングに対する考え方自体も変わってくるかもしれませんよ。

第2章

こんな授業になっていませんか？

1 子どもの話を待てない割り込み先生

・子どもが話そうとしないと、先生がつい割り込む。
・子どもの話している内容が想定していたことと違うと先生が口をはさんでしまう。

ついつい先生がでしゃばってしゃべってしまっていませんか？ 待ち切れずに子どもが話し合っている最中に、先生があたふたと口をはさんでいませんか？ 授業は先生が主役でしたか？

自分のペースで話し合いを進めたい先生は、子どもたちがもたもたしていたり、自分の持っていきたい方向から少しそれたりすると、耐え切れなくなって、すぐにしゃしゃり出てしまうのです。

自分の授業をビデオに撮って、自分がしゃべっている言葉を文字起こししてみるとよくわかります。自分が思っているよりも、割り込み先生になっていて、恥ずかしくなるかもしれません。

2 盛り上がっているかと思ったら「雑談」ばかり

・話し合いはにぎやかに進んでいるけれど、雑談で盛り上がっている。
・班ごとに別のテーマで話し合って盛り上がっている。

話し合わせる際、漠然としたテーマで子どもに話し合いを行わせていませんか？テーマの説明や指示を明確にしましたか？話し合うテーマについて、先生自身が自信がないまま話し合わせていませんか？それだとまずいですよね。

何を話し合うのかに関する説明や指示がうまくないと、それを聞かされる子どもはイライラします。先生に自信がないのが見え見えの状態で、話し合いをスタートさせても、子どもの耳にも入りませんし、心にも届きません。

その結果、話し合いは、ストレスを発散させる私語の時間になってしまうのです。何を話し合わせるのか、先生自身がはっきりわかっていますか？話し合い後の発表の仕方は適切に指示しましたか？もしかして、先生自身がおしゃべりで、あれこれと過剰に説明していませんか？

3 お通夜状態の子どもたち

・不安げな顔で周りを見渡し、お通夜みたいにシーンとしている。
・それぞれが、黙ったまま教科書や資料を見ている。

先生が求めているアウトプット（発表）の仕方を子どもがわからないのではないでしょうか？

「グループで話をまとめるの？」それとも、「意見を出し合うの？」

「全員が意見を言うの？」「答えはあるの？」「まちがった意見でも言っていいの？」


話し合いで具体的に何をするのか、つまりアウトプットの仕方がはっきりわからないと話し合いはフリーズしてしまいます。もちろん、人間関係がよそよそしい場合も、お通夜になる可能性がありますね。

お通夜になる話し合いでは、子どもも先生もつらいだけです。

4 険悪な雰囲気が漂う子どもたち

・話し合いの最中に口論になる。
・話し合いの後、険悪な空気が流れる。

「自分の意見が通らない」とけんかになります。いろいろな意見を出し合う中で、どのように友達と関わればよいのかを話し合いを通じて教えなくてはならないのですが、その大事な部分を教えることを怠っていませんか？

話し合いは、意見の表明大会ではありませんし、自分の意見を主張すればそれでよいという一方通行型のものではありません。先生自身が話し合いとは様々な意見を出し合い、お互いのよさを認め合っていくものであると考えていなければ、そして、それを伝えていなければ、子ども同士がけんかになるのはむしろ当たり前のことです。

話し合いをするためのよい雰囲気はできていますか？　相手の好き嫌いで意見を変えたり、態度を変えたりする子どもになっていませんか？　話し合いが、言い合いになっていませんか？

5 発言は一部の子どものみ

・いつも同じ子どもが発言している。
・発言せずに話し合いを終える子どもが多い。

意見を言わなくても、心のうちでは考えている場合もあり、必ずしも発言しないことが悪ではありません。

ただ、先生になった人は、そもそも人前で発言することにそれほど抵抗を感じることがなく、発言しない子どもへの配慮を欠く人が多いかもしれません。発言が少ない子に対して、自分を基準にして、「少し勇気を出せば、発言することなんて、そんなたいしたことないじゃないか」と思っていませんか？

いえいえ、そんな子ばかりではありませんよ。教室には全員の前で発言するのが苦手な子どももいます。よく子どもの様子を見てくださいね。話し合いで、つらい気持ちになっている子どもはいませんか？

「話し合いが楽しい」「自分の意見を言っても大丈夫」という感覚を子どもたちが持てるようになることが大事です。先生は意見の言えない子どもの気持ちになった支援が行えているでしょうか？ 意見を言おうとしない子どもを否定していないでしょうか？

6 しらけたムードで形だけになっている話し合い

・話し合いが形だけになっている。
・話し合いが活動ありきになっている。
・話し合いに先生もつい参加している。

話し合いへの情熱に燃え、ついつい自分も参加してしまう……。そんな状態になっていませんか？「話し合いをさせよう」「成功させよう」として、活動ありきの考え方になっていないでしょうか？本人は気づいていませんが、このタイプは意外と熱意あふれる先生に見られます。

なぜ、子どもに話し合いを求めるのか？どのような力を子どもにつけたいのか？この視点を持っていないと、形だけの活動になってしまうのです。

「話し合いを成功させたい」という気持ちが強すぎて、目的と手段が入れ替わっていませんか？話し合いを子どもがしていれば、それで満足ですか？

7 全ての班で意見発表させて終了!?

・１班から６班までそれぞれの班の意見を発表してそれで終わり。
・学級の数名が意見を発表したら、先生がまとめて終わり。

話し合いは、グループの意見を発表したら終わりですか？　全体交流の場で誰かが意見を言ったらそれで終わりですか？

そうじゃないですよね。意見や気持ちを交流してはじめて、話し合いと言えるのです。子どもの発言を他の子どもの発言と関係づけていますか？　子ども同士の発言をつないでいますか？

つなぐのは、先生でも子どもでもかまいません。まだ話し合いが初期の段階であれば、先生がつなぐことが多いでしょうし、慣れてくれば子どもたちでつないでいくことが増えるでしょう。

先生は、子どもの発言に聞き耳を立て、子どもの言葉を拾い、それぞれの意見を関連づけながら、関係を紡ぐ。そうやってはじめて、話し合いになるのです。

第3章

なぜ今、アクティブラーニングなのか

1 これからの子どもたちに求められる能力

社会が急激に変化するなかで、これからの子どもたちに求められる能力も変化しているようです。

国立教育政策研究所が示す「21世紀型能力」は、決まった答えのないグローバルな課題に対して、一人ひとりが自分の考えや知識を持ち寄り、交換して考えを深め、統合することで解を見出していくことを求めています（国研2013）。

その「21世紀型能力」を育むためには、大学をはじめ各学校段階でアクティブラーニング型の授業（溝上2014）を行うことが求められているわけです。

ところで、アクティブラーニングとは、一体何でしょう？ 2012年の中央教育審議会答申「新たな未来を築くための大学教育の質的転換に向けて～生涯学び続け、主体的に考える力を育成する大学へ」（用語集）によれば、「教員による一方向的な講義形式の教育とは異なり、学修者の能動的な学修への参加を取り入れた教授・学習法の総称。学修者が能動的に学修することによって、認知的、倫理的、社会的能力、教養、知識、経験を含めた汎用的能力の育成を図る。発見学習、問題解決学習、体験学習、調査学習等が含まれるが、教室内でのグループ・ディスカッション、ディベート、グループ・ワーク等も有効なアクティブラーニングの方法である」とされています。

もう少し具体的に言えば、教員からの一方的な講義を受け身の姿勢で聞く形態の授業ではなく、学修者を授業に巻き込み、学修者の学習意欲を高め、思考を活性化させ、受講生が主体的・積極的に学んでいく学修形態のことです。

以上のことからうかがえるように、これからはアクティブラーニングを通して、未知の問題に対し、子ども一人ひとりが自分の考えや知識を持ち寄り、交換して考えを深め、統合して解を見出すことが求められているのです。

2 アクティブラーニングで子どもの何が鍛えられるのか

最近の大学生の一般的言語力の脆弱化について、浪川は情緒的な表現が蔓延しており、論理的な言葉で他者に考えを伝えていく言語力に問題があることを指摘しています（浪川2008）。

論理的な言葉で他者に考えを伝えるには、言葉を用いて結論やその理由を言い、相手を説得する必要があります。アクティブラーニング化することによって、言語力も、あるいは言語力を駆使した結果得られる思考力も鍛えられます。

それとともに、相手に伝えるための声の出し方や表情も含め相手に伝えること、すなわちコミュニケーション力も鍛えられます。またその結果、子ども同士の人間関係力も育つはずです。人間関係力とは、簡単に言うと、困った時に人に「助けて」と言える力のことで、21世紀を生き抜くには重要不可欠な力です。

こうした力は、授業の中で日常的に、なおかつ積極的に鍛えなければ育たないように思うのですが、みなさんはこの点、どう思われるでしょうか？

3 「アクティブラーニング」と「話し合い」

人が効果的に学習するのは、「グループで何かをする時」だと言われています（大橋2011）。講義型授業から双方向型の授業へと転換しアクティブラーニングを行おうとすると、そこにはグループで意見を交流させる活動として話し合いを行う場面が必然的に生じます。

筆者らは、アクティブラーニングの核の一つが「話し合い」であると考えました。未知の問題に対して一人ひとりが自分の考えや知識を持ち寄り、交換して考えを深め、統合して解を見出すためには、どうしても子ども同士で話し合う必要があり、アクティブラーニングのプロセスでは話し合いは重要な位置を占めるのです。

ただし、グループでの話し合いを組み込めば、それだけでホントにアクティブラーニングになるでしょうか？　アクティブラーニングをやっているといえるでしょうか？

子ども同士で意見を交流させ、お互いを刺激し合い、思考を活性化し、子ども一人ひとりの認知の修正・拡大を行い、確かな知につなげることがアクティブラーニングにおける話し合いの最大のねらいです。それができてはじめてアクティブラーニングといえるのです。単に形だけ話し合わせるだけでは、アクティブラーニングに結びつかないのです。

4 話し合いの成立した教室とは

　では、アクティブラーニング化を図り、日常的に話し合いを展開していくと、教室は一体どうなるのでしょうか？　何かよいことがあるのでしょうか？

　話し合いがうまく成立している教室で子どもたちに話し合いの印象を聞いてみました。すると、

「自分とは違う考えの人がいることや、違う考えを持った人とどうやったらうまくいくのかがわかるので楽しい」

「自分とは違う考えの人がいることがわかるし、もし自分の考えが正しいとしたら、それを伝えるために一生懸命伝えなくてはいけなくて大変だけど、それが楽しい」

というポジィティブな声が返ってきました。

　このようにまずは、認知の修正・拡大や感情の交流が起こるのがその特徴です。自分が知らなかったことを仲間から知る喜びに心が躍り、教室には親和的な雰囲気が漂いはじめます。話し合いを通して、お互いがお互いを認め合いますから、いじめなど

とは縁遠くなるのです。逆に言うといじめを防止したいのであれば、話し合いに積極的に取り組んでみるのもよいのではないでしょうか。

話し合いが活発になると、受け身の子どもではなく、自ら考える主体的な子どもが育つようになります。一方通行の講義型授業では、起点が先生にあるため、指示待ち人間の子どもになりがちで、なんでも先生のしている通りにしていればよいと考えてしまうようです。

ところが、アクティブラーニング化していくと、起点が生徒になるため、自分たちで考えて行動するようになるんです。ここが驚き！　教室をのぞくと、自分たちでミニ企画会議のようなものがところどころで繰り広げられていて、ほほえましくなります。

さらには、話し合いが充実してくると、おもしろいことに教室に「声」がするようになるんです。声と言っても、授業中の私語ではありません。子どもが集中した時、教室に声がするのです。他の友達の意見にうなずく時の「ああっ！」という唸り声だったり、そんな発想もあるのかという驚きの「えーっ！」という声だったり、説得しようとする表現がうますぎるために沸き起こる感嘆の笑い声だったりがするのです。集中のあまり出てくる声が、教室から何度も聞こえてきます。人は、感動したり、うれしかったり、驚いたりすると、自然と「声」が出るんですね。

それに加えて、「たとえ」を使って話す場面もよく見られます。小学校5年生の教室でのことです。人が何かを理解することについて、一人の男児が、発言しはじめました。

「（少し興奮しながら）僕が言いたいのは、そういうことじゃなくて、例えば、ここに32人の友達がいるけど、あることを「わかった」って思うのに、そう思うまでの時間の長さが違うと思うんですよ。

ある子は、学校の校門を出たら『わかった』って思うし、ある子は角を曲がったパン屋さんのところで『わかった』って思うだろうし、ある子は家に帰ってからじっくり考えて『そういうことだったのかぁ！』って思う人もいる。

つまり、人によってそのことが理解できたり、そうなのかと思えたりするまでの時間には違いがあると思うんです」

またある時は、人の気持ちが変化する様子をカップラーメンにたとえて、「カップラーメンにお湯を注いで3分待つとおいしく食べられるのと同じように、人の気持ちも、お湯が注がれてから（きっかけがあってから）しばらくしてからでないと、急には変わらないと思うんです」と。

話し合いが成熟し、人にわかってもらいたいと思うと、自分の生活に密着させた「たとえ」を使って、必死に相手を説得しようとするのですね。

第4章

これがほんとの「アクティブラーニング」型授業！

1

2つのタイプの授業

話し合いには大きく分けて二つのタイプがあると、筆者は考えています。①クリアエンド型、すなわち明確な答えを出していくタイプの話し合いと、②オープンエンド型、すなわち敢えて明確な答えを出さないタイプの話し合いの二つです。

基本は同じなのですが、少し違いがあります。どう違うのでしょうか?

(1)クリアエンド型

クリアエンド型とは、収束型の話し合いのことです。多様な意見を、整理・集約していき、明確な答えを導いていくタイプの話し合いになります。

例えば、授業で問題解決しながら答えを導く時、あるいは学級会で「修学旅行のグループを決めよう」といった具合に、テーマについて明確に結論を出していく話し合いがクリアエンド型です。

【各教科の中で】

教科の中で行う話し合いは、問題解決学習の一環をなすものです。お互いに教え合ったり、それぞれ自分の考えを出し合ったりしながら、提示された問題を、あるいは自ら立てた問題を解決していくために行います。

問題解決学習の一連の流れは、図に示すように、まずは問題に直面して、どこに問題があるのかを話し合って明確にし、その解決を目指して計画を立てます。それから、問題解決に必要な情報を集め、自分の見解と他者の考えを聞き比べたり、知識を交換し合ったりしながら、つまり話し合いを通じて考えを深化させていきます。そうして仮説を立て、解決に向かっていくのです。

このように、問題解決学習の流れをみると、どの段階においても話し合いが欠かせないことがわかります。

ただし、そこで得られる結論は、各教科の中ではクリアエンド型になることも多いのですが、そうならない場合もあります。結論を整理したとしても、いくつかに分かれてそれ以上整理できないこともありますし、どうしてもうまく結論が出ない場合、つまり後述するようなオープンエンド型になることもよくあります。

問題解決学習の流れ

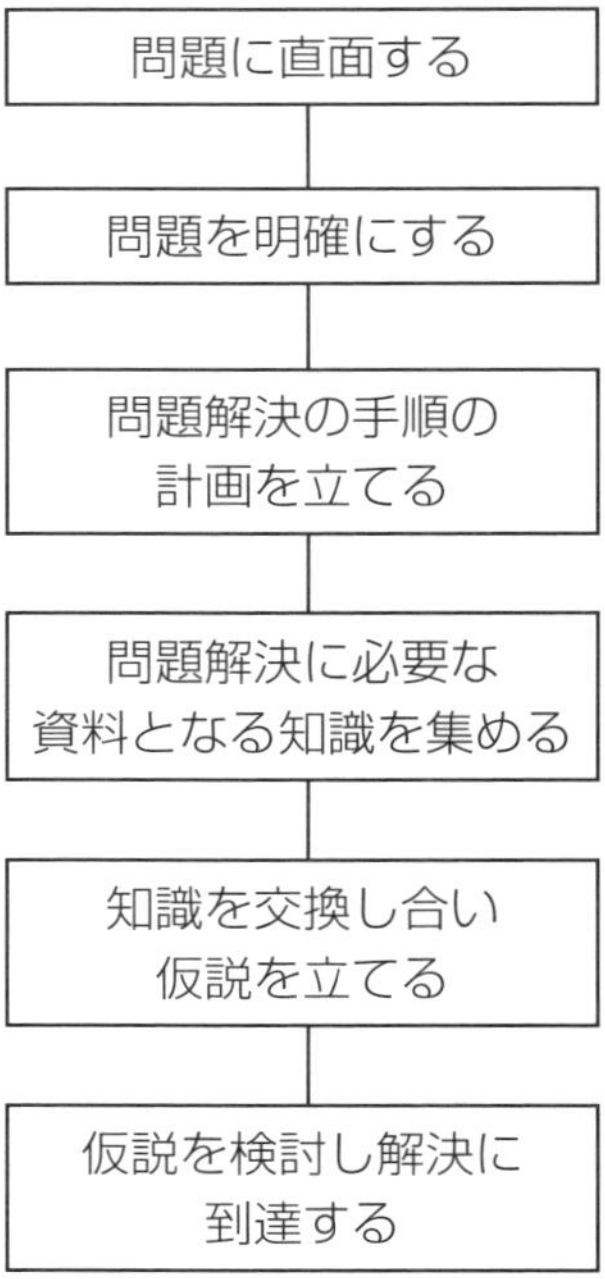
問題に直面する
問題を明確にする
問題解決の手順の計画を立てる
問題解決に必要な資料となる知識を集める
知識を交換し合い仮説を立てる
仮説を検討し解決に到達する

（谷川1993）

【学級会の中で】

学級会でよく見られる話し合いでは、議決（合議して意思を決定すること）が迫られるのが一般的でクリアエンド型になることが多いと思われます。そこでは、お互いに主張が異なることも出てきます。お互いに主張が異なれば、折り合いをつけなくてはいけません。お互いの主張が異なる時、折り合いをつけるには、次に示すようにいくつかのパターンがあることを知っておきましょう。

意見Aと意見Bがある場合、折り合いのつけ方にはいくつかのパターンがある（杉田２０１３）

①意見Aと意見Bの両方を満たすものを探す方法
②意見Aを中心にして、意見Bのよさを加味する方法
③意見Aと意見Bを合体させる方法
④意見Aと意見Bを生かして新しいものをつくり出す方法
⑤それぞれの意見を縮小して、全部やってしまう方法：サラダ盛り合わせ型
⑥優先順位をつけて妥協する方法

話し合いの内容によって、着地点の見出し方はいろいろありますが、筆者は特に④の「意見Aと意見Bを生かして新しいものをつくり出す方法」を意識してほしいと考えています。創造的な解決（creative solution）ができることが、明らかな解のない21世紀を生き抜いていくためには不可欠だからです。

先生は、話し合いの中で、どのように折り合いをつけるか、どのような形をゴールとするのか、シミュレーションできなくてはいけません。先生自身がゴールをシミュレーションできないまま、子どもたちに話し合いをさせたとしても、創造的な解決など到底できません。

時々、子どもたちは先生のシミュレーションを超えた解決をしてくれ、驚かされる

ことがあります。これはうれしい驚きです。

もちろん、一度解決した（決まった）ことでも問題が生じたらまた話し合い、新たに生じた諸問題を創造的に解決したらよいのです。そうすることで、子どもたちは次々と問題が生じても、それら一つひとつを創造的に解決しながら、たくましく前向きに生きていけばよいということを学びます。

（２）オープンエンド型

授業ではクリアエンド型となる話し合いになる場合もありますが、特に道徳の中で行われるような話し合いは、答えがいくつもあるということもあれば、必ずしも答えを出さなくてよい場合もあります。それがオープンエンド型の話し合いです。

オープンエンド型とは、具体的な答えをあえて示さず、答えは一つではなくいろいろあるということを示しながら、思考を継続させたまま終わるものです。思考継続型のゴールと言い換えてもよいでしょう。

【道徳の中で】

・自分だったら、ＡかＢのどちらの生き方をしたいですか？

それは、どうしてですか？

道徳の話し合いは、敢えて一つの答えを見出さなくてはならないものでもなければ、一つの解に向かわなくてはいけないものでもありません。それぞれに別の立場から考えれば、見え方が異なることに気づかせ、人とは考えが違うけれど自分もこれでいいんだと安心感や自信を持ち、たくましく生きていくことを子どもに期待するものです。

学習指導要領「第三章 特別の教科 道徳」で示す目標は、次の通りです。

「第1章総則の第1の2に示す道徳教育の目標に基づき、よりよく生きるための基盤となる道徳性を養うため、道徳的諸価値についての理解を基に、自己を見つめ、物事を広い視野から多面的・多角的に考え、人間としての生き方についての考えを深める学習を通して、道徳的な判断力、心情、実践意欲と態度を育てる」。

道徳の中で行われる話し合いは、それぞれが思っていることや感じたことを述べながら、道徳的に認知の拡大を行い、どう生きるのがよいのかについて、お互いに感情を交流し合います。

話し合いを通して、各自が感じていることや考えていることを自由に述べ、確認し合いながら、安心したり、お互いの存在を認めたりしていくのです。

道徳の話し合いでは、「先生と子どもとの間に漂う安心感」や「子どもと子どもの間に漂う安心感」がとても大事です。これがないと、苦しいことを苦しいと本音で語ったり、悲しい気持ちを正直に表現したりすることができにくくなります。感情の交流がなされないと、とても乾いた形式的な話し合いになってしまいます。

各教室に配属されたアノミー状態（お互いのことがわからずに混沌とした状態）にある子どもに安心感を持ってもらうには、論理的な解決を行う話し合い活動だけでは不十分です。人は感情の生き物でもありますから、人の感情に寄り添うことも忘れてはいけません。とりわけ感情を大事にしながら行うのが道徳でなされる話し合いです。

「わからないって正直に言っても、みんなが教えてくれる」「間違ったことを言っても笑われない」「まじめなことを言っても茶化されない」。そんな教室だと、垣根なく意見の交流ができるでしょう。

道徳の話し合いには、教室に安心感があるかどうかが如実に表れます。

2 うまくいくためのポイント

(1) 話し合いをどこで取り入れるか

あなたは、話し合いを授業のどこに取り入れるか、あらかじめ決めていますか？いくら話し合いが大事だといっても、授業時間には限りがありますよね？ですので、各教科の授業において、どの個所で最も時間をかけるのか、という授業計画を予め立てておくことが大事です。

反対に、話し合いにどこも均等に時間をかければ、時間が不足するだけでなく、授業が間延びしてしまい、有効であるとは思えません。

話し合いをすることによって、子どもが自分の考えを見直したり、深めたりしそうかなど、話し合う価値のあるところで時間をかけたいですね。授業のどの場面で話し合いに力を入れるのか、その軽重を事前に決めておきましょう。

重視するポイント

・子どもの意見が対立すると思われるもの
・考えが揺さぶられたり、変化したりすると考えられるもの
・子どもが、他教科等で学習していることと関連しているもの
・時事的にタイムリーなもの

（2）話し合いの形態や進行する人は誰か

①話し合いの形態

話し合いの形態は、事前にある程度決めておきましょう。どの形態をとるのかで時間配分も変わってきます。

・全体での話し合い
・全体での話し合い－グループでの話し合い－全体での話し合い
・グループでの話し合い－全体での話し合い

②話し合いの進行役

誰が話し合いを主導するのでしょうか？　学級会であれば、子どもの場合が多いでしょうし、教科の授業や道徳については先生が主導するのが一般的でしょう。

・学級会では…………子ども
・各教科や道徳では……先生

学級会で子どもが進行する場合は、進め方について事前に子どもと入念な打ち合わせを行っておきましょう。7章の司会者カードの箇所などを参照してください。

（3）必然性のあるテーマか

話し合いのテーマに子どもが食いついてきますか？　子どもにとって魅力的で、話し合う必要のあるテーマを設定していますか？　自分たちの問題としてリアルにとらえられるテーマになっていますか？

子どもにとって必然性のあるテーマでなければ、話し合いをやっても子どもはのってきません。

学級会の話し合いのテーマであれば、子どもが困っていて、話し合うことによって子どもの日々の生活が変わるテーマがよいですね。

教科の話し合いであれば、教材は教科書にあるとしても、ここを子どもに話し合ってもらいたいという箇所を先生の意思で選び、テーマを決めるのです。

さらに言えば、テーマは必然性があり、なおかつ子どもにとってやや難しいテーマにするとよいですね。少しだけハードルの高いテーマを設定してあげることによって、彼らは意欲的にそして挑戦的に取り組みます。

（4）意見を交流させているか

グループで話し合いをした後、全体で意見を交流させていますか？　せっかく話し合いをしても、その後に意見の交流がなければアクティブラーニングも深まりにくいですね。意見を交流させるポイントは次の通りです。

意見を交流させるポイント

①必然性のある問いをきっかけにして交流する。
②対立軸を立てて交流する。
③事前にどのような意見が出るのか十分にシミュレーションしておき交流する。
④色カード等で子どもの意思を確認したうえで交流する。
⑤意見を同じカテゴリーに整理しながら交流する。

意見を交流させる際に、例えば3色の色カードなどで、賛成・反対・迷っている、などの意思の確認を行うと、先生は子どもの傾向を把握することができますし、子どもは立場を明確にしながら、話し合いに参加することができます。

仮に全体の意思が、賛成に傾いていたとしても「みんなは賛成って言うけど、ホントに賛成する理由もみんな一緒なの？」「根拠も同じなの？」と切り込み、交流させることができます。

たとえ同じ言葉を用いていたとしても、意味がズレていることもよくあります。そんな時は「○○って言ったけど、どういう意味？」と問うことで、ズレを正すこともできます。

全体での意見の交流は、もし、すでに小グループでの話し合いで、理解が深まったと判断したら、あえて行う必要はありません。全体で話し合う時間を設けるのであれば、全体で意見や気持ちを交流させてこそ、意味があるのです。

単に話し合わせるだけ、あるいは発表させるだけでは、子どもの脳が活性化されず、アクティブラーニングに結びつかないのです。

（5）問いが明確になっているか

話し合いに入る時、子どもに提示する問いは明確になっていますか？　つまり、何を話し合うかが子どもにしっかりわかるような問いを用意できていますか？

例

・自分の考えと似ているところ、違っているところはどこですか？
・その人（登場人物）が一番大切にしているものは何ですか？
・Aの方法とBの方法では、どちらがよいと思いますか？　理由も考え、説明できるようにしましょう。

問い（授業では主発問）は事前に、練りに練り上げてから話し合いに臨むようにします。そして、話し合いの途中で問いがぐらつかないよう冷静に確認しながらファシリテートするのです。問いが不明確であったり、先生自身に問いへの迷いがあったりすると、子どもはどう考えたらよいかわかるはずもなく、話し合いがうまくいくことはありません。

（ファシリテートについては56ページ以降を参照）

（6）「引き出す」「広げる」「まとめる」は事前に決めているか

「引き出す」とは、テーマにそって子どもの興味を引き出し、その場にいる子ども全員にイメージを共有させて、話し合いの土台をつくること。
「広げる」とは、話し合いに変化をつけ、新たな思考を促すこと。
「まとめる」とは、広がったあるいは子どもから引き出した考えを収束させ、まとめていくことです。

どの内容で子どもの興味を引き出すのか、どの場面で方向転換させたり、対立軸を与えたりして思考を深化させるのか、あるいは広げるのか、どこまでたどりついたら収束させるのかを事前に決めておきます。

もちろん、実際には話し合いの流れによってあらかじめ考えていたことを変えてもよいのです。ただ、事前に「引き出す」「広げる」「まとめる」をイメージしないまま話し合いに臨んでしまうと、どう終息させるのかが、途中でわからなくなってしまい、ピントのぼけた無駄な話し合いになってしまいます。

(7) ゴールの姿は事前にイメージしているか

話し合いのゴールの姿のイメージを事前に決めておくとは、最初に話し合いの結論を決めておくことではありません。はじめに結論を決めておくとするならば、話し合いは不要ですから。そうではなくて、おおよその方向性や結論のまとめ方は事前にシミュレートして決めておくという意味です。

つまり、①クリアエンド型のゴールにするのか、②オープンエンド型のゴールにするのか。オープンエンド型にするとすれば、最後はどんな言葉を締めの言葉にして、終わらせるつもりか?

うまい話し合いに共通するのは、先生が事前に入念な準備をしていることです。入念に準備すれば、話し合いが、どのような方向に向かうのか自ずと予測がつきます。とはいえ、こちらの予測と異なることが出てくるのも話し合いの醍醐味です。話し合いを苦手にしている先生は、予測と異なることが出てくることを怖れがちです。

「入念に準備する。けれども、準備した以上のことが出てくる」。それが話し合いです。

準備した以上のことが出てくることへの「覚悟」とそれを楽しむ「余裕」が先生にはいるのです。

(8) 終了後のアウトプットを指示しているか

話し合いをする前に、話し合い後にどんな形でアウトプット（発表）させるのか子どもに伝えていますか？

①グループで意見を一つにまとめて代表者が発表する。
②グループで意見を出し合うが、意見を一つにまとめる必要はない。発表は、個人の意見をそれぞれ述べる。
③グループで意見を出し合い、確認するだけでよい。

グループでの話し合い後に行う発表の仕方が子どもに指示されていないことがあります。話し合い後に発表を促すと、「えー？　一つにまとめなくちゃいけなかったの？」「な～んだ！　意見を出し合うだけでよかったの？」など、子どもから戸惑いの声が漏れ聞こえることはありませんか？　その戸惑いの原因を子どものせいにしていませんか？

混乱する原因は子どもではなくて、アウトプットの仕方を指示していない先生自身にあるのかもしれません。

終わったら
出た意見を
聞かせてもらうよ

(9) 安心できる雰囲気があるか

話し合いがうまくいくかどうかは、その雰囲気づくりにかかっているといっても過言ではありません。つまり、話し合いの土壌づくりが何よりも大事なのです。いきなり、ゴールを目指さず、まずはよい雰囲気をつくっていくことからはじめたらどうでしょうか?

雰囲気がよければ、話し合いは自然と活発になります。反対に、雰囲気が悪ければ、誰も発言したいとは思わないので、うまくいくはずがありません。

志水(2011)は『格差をこえる学校づくり』の中で、「集団づくりと学力保障は見事なまでにリンクする」と述べています。これは授業が授業として意味を持ち、学力を高めるためには、その集団に所属している子どもが安心して授業に参加でき、公平に発言できること、つまり集団の人間関係ができていることが学力を高めるための前提条件として要るということを意味しているのだと解釈できます。

たとえ、背景にしんどさを伴っている子どもであるとしても、あるいは人と意見が違っているとしても、安心して発言できる集団であることが学力を保障するためのベースになっているということです。

(10) 違いを認め合える雰囲気があるか

子どもは、人と違うことで、多角的な見方を養い、ともに生きていくことの難しさや喜びを学びます。それが、グローバリゼーションを生き抜くための力でもあり、教室のダイバーシティ（多様性）を活かした学びであり、21世紀型能力を育む学びだと筆者らは考えています。

それぞれの考えが違うこと、すなわちダイバーシティに困惑するのではなく、逆にダイバーシティを活かすことが、21世紀型能力を育むことになるのです。

「へーぇ、僕の考えとは違うけど、そんな考えもあるのか。なるほど！」、「まったく私とは正反対の考えだわ。だけど、例えば、生まれ育った国が違えばこんなことってあるかもしれない」

話し合いに取り組めば、こんな感想がよく聞こえてきます。教室を構成する子どものダイバーシティを活かし、自分とは考えの違う他者とふれあうことで認知の修正・拡大を図り、子ども同士の人間関係力をパワーアップする話し合いが行えていますか？

（ダイバーシティについては、57・71ページを参照）

(11) 先生が自己開示しているか

自己開示とは、何でしょうか? 教室では、子どもに自分の考えを発表させる場面がありますが、担任や担当する先生によって子どもが発言しやすい場合とそうでない場合とがあることに、あなたは気づいていますか?

友達の前で、発表してみようかどうしようかと迷う子どもの気持ちを後押ししているのが、実は先生の自己開示力なのです。自己開示力とは、常日ごろ、出食わした様々な事柄や現象に対して、素直に自分の思いを語れるかどうか、その力量のことです。苦い経験や失敗も含めて、心を開いて語る人間味にあふれた先生の姿勢は、自分も友達の前で、率直に考えを語ってもよいのだという安心感を子どもに与えます。教室において先生は子どものモデル(手本)となりますから、そのモデルがいかに自己開示を行うかは、教室の空気を左右することになるのです。

その効果はすぐには目に見えませんが、教室の雰囲気を形成する上で、大変重要な意味を持っているのです。とはいえ、あまりにもプライベートなことなど不必要なことは言わないように。

第5章

さらに深めるには
～ファシリテート～

ところで、ファシリテートって何？

ファシリテートという言葉、本書ではよく出てきますが、いったい何でしょう？ファシリテートとは、話し合いで発言を促進したり、整理したりすることを言います。ファシリテーターとは、それを担う人のことです。

グロービス社の吉田（2015）は、多くの企業・組織にとって、変革をリードできるのは「ファシリテーター型リーダー」であると言っています。「ファシリテーター型リーダー」とは、メンバーに答えを与え、そのとおりに実行させるのではなく、メンバーが考えるべき重要な「問い」を提示し、メンバーの思考投入量を最大化し、知恵と意欲を引き出すことができるリーダーです。

教室では、ファシリテーターの役割は先生が担うのが一般的です。子どもに適切で重要な問いを発して触発し、彼らの思考を広げてなおかつ深め、知識欲を引き出す役割が先生には求められます。

話し合いのファシリテーターを誰が行うのかによって、立てられる問いは異なります。議論も活発化したり、子どもの考える幅も広がったりと、その様相が大きく異なってきます。

話し合いをうまくファシリテートできなくて悩んでいる先生が多いのは事実です。先生が話し合いをファシリテートする際、経験にだけ頼っていてもうまくいきません。話し合いは口で言うほど簡単ではないんです。

簡単でない理由の一つは、教室空間がダイバーシティ（多様性）によって成り立つ空間だからです。話し合いによって、多様な価値観を認めつつ異質な友達と協力し、創造的に解決する必要があるのですが、それがなかなか難しいようですね。

学級の斉一性が崩れて、子どもがダイバーシティ化し、そのダイバーシティがさらに進行しているからこそ、さらには明らかな解のない時代だからこそ、話し合いがより一層深い意味をもつのです。

理由の二つ目は、話し合いが問題解決学習でもあり、解が明確ではないため、それをファシリテートすることには不安が伴うからです。その不安なプロセスも含めて楽しめそうですか？　ファシリテートする自分にワクワクしますか？

最初は、話し合いをうまくファシリテートするのは難しいかもしれませんが、その基本を身につければ、それほど苦手意識に苛まれることはありません。

1

先生は自分の存在を消す

自分の存在を「消す」とは、どういうことでしょうか?

実は、話し合いでは、先生が自分の存在をできるだけ「消す」ことが、その立ち位置として大事です。先生はもちろん話し合いを進行していれば、子どもの目の前にいるわけで、物理的には十分そこに存在しているのですが、それでもその存在をまるでいないかのように「消す」のです。

話し合いがうまく回りはじめるまでは、存在があらわでもよいのですが、やがて子ども主体の話し合いになるよう、極力そこにいないかのような錯覚に陥るほど、自分を消していくのが話し合いを成功させるコツです。

先生が前面に出すぎると、その影響が強く出てしまい、子どもが考え、彼ら自身で解を見出していくことを邪魔してしまうからです。

これは佐藤が、学び合いがうまくいっている教室では、先生の声が小さいと指摘していることと共通します(佐藤2006)。先生の穏やかな語り口、そして静かな落ち着いた教室、そんな中で話し合いは成立するのです。

2 時間を管理する

グループの話し合いにどれくらいの時間をかけ、全体交流にどれくらい時間をかけるのか、最初に決めて進めていますか？

グループでの話し合いをはじめる前に、「話し合いの時間は、今から10分です」と示してあげると親切です。とはいえ、話し合いを行いはじめると、思っていたよりも時間を食うことがあります。特に、盛り上がって子どもが集中しているのを見ると、はじめに示した時間が来てもなかなか終わらせにくいものです。

ただし、授業時間には限りがあります。授業時間は延長しないのが原則です。話し合いにかける時間をあらかじめ決め、時間を管理しましょう。

例

説明・指示（10分）→ グループでの話し合い（15分）→ 全体での発表・意見交流（15分）→ まとめ（10分）

3 誰と誰を話し合わせるか

「隣近所で話し合ってみて！」

「近くの人同士で意見交換してみてくれるかな？」

まだ話し合いが軌道にのっていない初期の段階だとすると、このような指示ではダメです。もちろん、話し合いの意義ややり方がすっかり身についている教室ではよいのですが、そうでない場合は、誰と誰が話し合うかが明確にされていないと、一部の子どもしか話し合いの時間を有効に使うことができません。

学力が高い子どもや意欲が高い子どもは、積極的に周りと話し合うことを好みますし、その準備もできています。

一方、そうでない子どもは周りの子に声をかけにくく、話し合いに与えられた時間を黙って無駄に過ごすことになるのです。誰と誰が話し合いをするのか、特に初期の段階では、明確に指示しましょう。話し合わせる際、子どもが誰と話し合うのか戸惑っていませんか？

4 口出しをしない

先生は、どうしても話し合いに口を出したくなります。職業病ともいえますすね。特に学級会で何かを決めるような話し合いでは、すぐに口を出さずにじっと我慢することが大事です。先生に必要なのは、「口出しをしない」という忍耐です。

子どもたち自身で課題が解決できるよう、見ていないふりをしながら、見守ります。進行をそっと促すなど、必要な支援はしながらも、先生はできるだけ口をはさまないほうがよいですね。もちろん出番が必要な時は即出場ですが。

話し合いを見守ることは、先生にとって非常に根気のいる仕事で、高い力量を要します。特に最初の段階では、役割分担や仕事分担、進め方など事前準備で手を抜かないことが、口出しを防止するためのポイントです。

しかし、ある程度うまく回り出したならば、子どもたちに話し合いを任せる「覚悟」と「潔さ」が要ります。

先生は、話し合いの終わりに、子どものできた部分をいくつか認めていくようにすればよいのです。焦って、理想の話し合いの姿を追い過ぎないことです。

5 間を大事にする

話し合いをファシリテートすると、子どもに発問した後に、間が空くことがあります。あなたは、その間（沈黙）を怖がってはいませんか？

もし、その発問が有意義な問いであるならば、その間は決して怖いものではありません。子どもはその沈黙の間、必至で考えているはずです。

ある学生が、筆者（片山）の授業で行われる話し合いを体験した感想を書いてくれました。大事なことを指摘してくれているので、学生に了解を得た上で引用します。

「……『望ましい集団づくりの実践と課題』の授業では、話す時の間の取り方だけでなく、問いかけた後の間の取り方について考えさせられました。というのは、先生の講義ではなぜか『沈黙』や『意見が出ない』ことが、いけないことだという感じがしませんでした。むしろ、みんなから意見が出ない時ほど、一人ひとりの学生は自分の中で必死に考えているのだろうと思っていましたし、私自身も黙っている時には必死に考えていることが多かったです。先生によっては意見が出ないことや沈黙がよくないことだととらえて、意見を急かされることもありますが、考えている時に急かされると、急かされることに意識がいってしまって、考えなければならない事柄について深く考えられないことがあります。このようなことは先生の講義では感じませんでした。これは、意見が出なかった時の先生の表情や雰囲気から『沈黙を大事な時間だととらえている』と個人的に感じていたからです。『待つ』姿勢の大切さを感じました。『間の取り方』という言葉が合っているのかわかりませんが、話す時の間の取り方だけでなく、問いかけた後の間の取り方について学びました……」

問うていることに先生が確信を持っていれば、間（沈黙）があっても慌てる必要はありません。間が持たず、冷や汗が出そうになる気持ちはよく理解できますが、むしろ「沈黙は金」と思える余裕が先生にほしいのです。

ゆったりと構え、子どもが熟考する「間」を楽しんでください。沈黙の時間は、一人ひとりが必死に考え、思いを巡らせている価値ある時間なのですから。

6 心に届く話し方

話し合いを見ていて気になることがあります。段取りよく話し合いが進んでいるんですが、表面的に滞りなく進んでいるだけで、なんだか無味乾燥……。場が乾いているんです。子どもの気持ちが乗らないんです。

「準備は入念になされているのにどうしてだろう?」と思いながら授業を見ていてふと気づきました。「あぁ、先生の言葉が子どもに届いていないんだ」と。

話し合いをファシリテートする先生の言葉は、子どもにちゃんと届いていますか?
先生は、子ども一人ひとりの心に落ちるような話し方をしていますか?

一人芝居の演劇をやっている俳優さんをイメージするとよいかもしれません。それは、先生が一人でたくさん話すという意味ではなくて、先生が伝えたいことや子どもに考えてほしいことを表情豊かに（深刻そうに・楽しそうになど）、そして心の底から話すということです。

特に、主発問するに至る前の場面などは、そうした表情をあえてしてみてください。話し合いに向けた子どもの食いつきが変わってくるはずです。

7 グループでの話し合いを支援する

グループでの話し合いに移した時に、話し合いが活発に行えないグループが出ることはありませんか?

まだ話し合いに慣れていない段階であれば、各自一つずつ役割を分担させるのがよいでしょう。まだグループがうまく機能していない段階では、役割が明確に割り振られていると、子どもは責任を果たしたくなります。

役割の例としては、①進行役、②時間を管理する役、③発表する役、④記録する役などです。

話し合いが滞っているグループには、介入しなければならないこともあります。テーマを再確認させたり、子どもの発言を拾ったりして活動を促します。

ただし、特定の子を支援するのではなく、そのグループの話し合いが活発化するような支援の仕方をしましょう。特定の子どもだけを支援しようとすると、その他の子がかまってもらえない不満を抱き、グループや学級全体の話し合いに影響が出ます。

8 子どもに問い返す

教科の話し合いでは、通常、先生がファシリテートしているはずです。その先生の進め方について、子どもから質問が出ることがあります。

例えば、「その中からどれがよいかを考えればよいのですか？それとも他の案があったらそれも考えてよいのですか？」といった、話し合いの手順についての質問です。さて、あなたならどうしますか？

そんな時は、先生の方から、学級全体に向けて問い返してみましょう。

「他のみなさんはどう思いますか？」

こうして、子どもに考えさせながら進めることができるとよいですね。子どもは自分たちにとって、よりよい方法をきっと選択するはずです。そのことで、自分たちが、主体であるという感覚を味わうこともできます。この授業は先生にやらされているのではなくて、自分たちが進めているのだと。

また、子どもの意見が言葉足らずで説明が不十分な場合は、

「どうしてそう考えたの？　みんなにわかるように教えてくれるかな？」

さらに、全体の話し合いが他の話題にそれてしまった場合も、

「今、焦点化していることは何でしたか？」

子どもに問い返すことで、お互いに不快な気持ちにならずにすみますし、子どもは自分で考えるようにもなります。


田嶋（2007）は、『言語技術が日本のサッカーを変える』という本の中で、日本がなかなか勝てないことに関して、言語技術を駆使して、すなわち言葉を用いて表現することの重要性を説いています。取り上げている材料はサッカーですが、「言語化」という行為の重要性に気づかされる本です。

子どもは、他者から問われることによって、曖昧な思いを言語化して自分の考えを明確にしようとします。先生から、「君はきっとこう言いたいんですね」とまとめら

れてしまうのではなく、自分の思いを自分自身で言葉にしようとし、体全体で表現しようとすることが大事です。

子どもに問い、彼らから引き出す中で、本人に思考の言語化を促すのです。この言語化が新たな思考を促します。

「今、〇〇君からこんな意見が出たんだけど、みんなはどう思う？」

こんな風に、教室にいる子ども全体に問い返すファシリテートができるとよいですね。

9 リーダーシップとフォロワーシップを育てる

話し合いには、リーダーシップとフォロワーシップの両方が不可欠です。既に経験済みでしょうが、一部の子どもがいくらリーダーシップを発揮しても、学級の構成員にテーマを真剣に議論する準備と参加すなわちフォロワーシップがなくては、話し合いはうまくいきませんよね？

より意識すべきは、普段意識されることの少ないフォロワーシップです。数の上でもリーダーよりもフォロワーの方が絶対的に多いのです。このリーダーシップとフォロワーシップの融合がなければ、充実した話し合いにはなりません。

話し合いでは、リーダーだけに任せずリーダーを支援するような適切なフォロワーシップがあると、前向きに課題を解決しようという機運がその空間を支配するようになります。

慣れないうちは、先生がフォロワーとして大きく拍手したり、同意の声を表現してみたりして手本を示すとよいでしょう。子どもたちがフォロワーとして育ってきたら、先生は静かに少しずつフェイドアウトしていけばよいのです。

10 創造的な解決を目指す

学級会の話し合いの場では、学級の何かを決める議決が必要で、着地点を見つけなくてはならないため、どこかで折り合いをつけることが求められます。

子どもがたくさん集まれば考え方もやりたいことも多様ですから、必ずしも自分の思い通りにはいきません。けんかも起こります。このため、周りの友達と楽しく生活していくには、話し合いを通じて積極的に創造的に解決（creative solution）しながら、折り合いをつける必要があるのです。

そして、自分たちが決めたことを妥協したことだとみなすのではなく、みんなと楽しく仲間としてやっていくために、「こう自己決定したんだ」、あるいは「こう問題解決したんだ」ととらえられる解決の仕方を示すことが先生の仕事です。

意見が分かれた場合、すぐに多数決で決めたくもなりますが、安易な多数決は厳禁です。少なくとも可能な範囲で考える時間を与え、少数意見の持ち主にも発言する機会を設け、多様な意見に耳を傾けながら、一つの結論を導くプロセスが21世紀型能力の育成では大事です。

11 ぶつかりを活かす

話し合いでよく見られる形態は、全体での説明のあと、小グループでの討議を行い、最後に全体討議を行うというものです。形態としては問題ないかもしれませんが、小グループで話し合ったことをただ単に発表し合い、それで終わっていることも多く、全体討議がそれぞれのグループの考えを活かした価値ある交流になっていないことがあります。

せっかくの話し合いなのに、意見のぶつかりや気持ちの交流がなく、創造的な解決をする場になっていないのです。それでよいのでしょうか？

教室はダイバーシティ（多様性）が顕著な空間ですから、それぞれが安心して自分の思いを素直に出せる状態にあれば、自ずと異なる意見が出てきます。多様な人が集まれば、意見がぶつかることは当たり前で、賛成意見ばかりの教室や同じ意見しか出ない教室は、むしろ危険。

先生は、ぶつかりを怖れマイナスのものとしてとらえるのではなく、ダイバーシティの中で生じるぶつかりが、創造的な解決を導くための材料であると認識する必要があります。

　ぶつかりが意見の相違であれば、意見の交換を重ね、創造的に解決したらよいですし、人格の否定であれば、それは許されないということを強く伝えたらよいでしょう。ぶつかりの原因が意見の相違によるものなのか、人格への非難から生じているのか見極めることは、ファシリテーターである先生の仕事です。

　話し合いにおいて、安心してぶつかれるようにするために、先生自らが自己開示し、人間らしい感情の交流が行える環境を意図的につくっていますか？　いかに集団内に自己開示を促し、信頼関係をつくれるか、すなわちぶつかってもよい話し合いの土壌をつくれるかは先生にかかっています。

　全体交流の時に、自分たちのグループと他のグループが、同じなのかあるいは違うのかを意識して聞くように促すと、ぶつかれる材料が子どもにも自ずと見えてきます。

12 リソース（資源）を活かす

それぞれの個性を大事にするといっても、実際には教室に自分の苦手とする子がいませんか？　その子をあなたは嫌がっていませんか？

ここには思い切った発想の転換が要ります。一人ひとりの子どもは教室の大事なリソース（資源）なのです。そして、そのリソースは、似通っているよりもいろいろ多様な方がよいのです。

多様な背景を持った子やいろいろな考えを持った子がいると、同じ言葉でもとらえ方が一人ひとり違っていてビックリすることがあります。違うからこそ、そのズレを材料にして議論することも、あるいはズレをうめることもできるのです。

多様な子がいることを嫌がっているとしたら、その原因は教室にいるそのリソースをうまく使えていない先生にあるのではないでしょうか？

勇気を出して見方を変えるだけでいいんです。

「へぇ～、そんな考え方もあるのか」と、その子の考えを聞いてみることからはじめてみませんか？

13 子どもの反応を感じとる

あなたは、そこにいる子どもの反応を感じとっていますか？ 子どもが既に話し合いに飽きているのか、注意散漫になっているのか、思考が停止しているのか、あるいはのめりこんでいるのか、子どもの反応や場の空気を読み取ってファシリテートしていますか？

ハーバード大学白熱教室で著名なサンデル教授も、聴衆の反応をとても意識しているそうです。学生のくしゃみや足の組み換え、そんな些細な動きも彼は感じとって、授業を進めているのです（サンデルら２０１１）。

ということは、あらかじめ準備していたものがあったとしても、子どもの反応によっては、ファシリテートの仕方を変えなくてはならないということです。「ちょっと退屈気味だから、予定より早く次へ行こう」。あるいは「こんなに集中しているのであれば、この場面にもう少し時間を取ろう」など。

慣れていないと、子どもの反応などおかまいなしに計画通り進めがちです。子どもの反応に目と耳と心を集中し、ファシリテートしてみましょう。

第6章

アクティブラーニングを成功させるためのテクニック

1 ジェスチャーを気にしていますか？

話し合いを授業に組み込むのであれば、ファシリテーターである先生のジェスチャーは、場の雰囲気をつくるうえでとても大事です。鏡の前で自分の話す時のジェスチャーを確認してください。

【顔】

・やわらかな笑みをたたえていますか？

・子どもたちの一人ひとりを覗き込むようにしていますか？

【声】

・導入では、落ち着いた明るい声を使っていますか。

・じっくり考えさせたい場面など佳境に入ってきたら、先生の声はできるだけ小さくしてみましょう。

【手】

・両手は前面で軽く開いていますか？ プレゼンテーションのお手本、故スティーブ・ジョブズのように。腕組みなどは、もってのほかですよ。

・先生が手を挙げて「意見のある人は?」と言う時、子どもの目に見える先生の手はすっと伸びていますか? 肘が折れ曲がっただらしない格好ではないですか? 子どもは先生の姿をじっと見ていますよ。

【子どもの発言する時間帯から先生の説明に戻したい時のサイン】

挙手する子どもが次々と続き、途切れない時は、子どもの発言をどうやって終えさせればよいのでしょうか? 先生が右手の肘を90度に曲げて止めるとか、何らかの合図(サイン)が決まっていると、子どもは「今は先生が話す時」と、目で見てわかるでしょう。

例

・右手を軽く上げる。

・右手は軽く上げ、左手は胸に当てる。

2 座席配置を工夫していますか？

(1) 島型

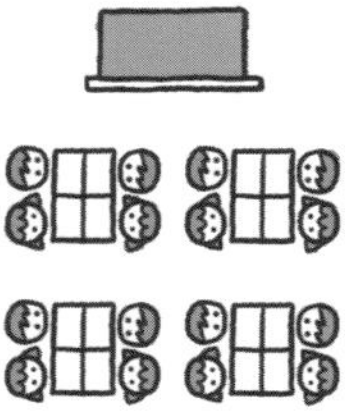

(3) サークル型（円）

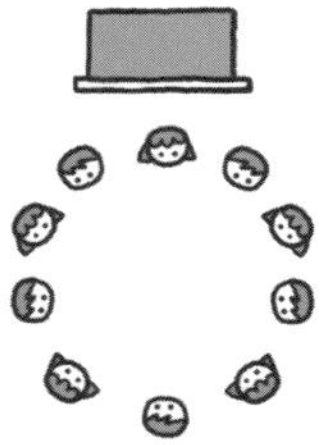

(2) コの字型

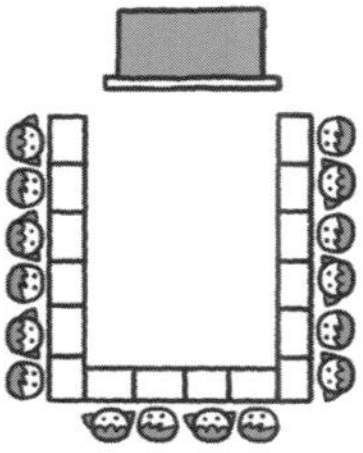

(4) 自由変形型

（話し合いたい者同士がそれぞれグループになる）

班ごとに話し合う「島型」や、参加者全員から黒板が見える「コの字型」が一般的に用いられるようです。

「サークル型」は、お互いに顔が見えてよいのですが、設営に少し時間がかかるので、可能であれば別教室で準備しておくのがよいでしょう。

「自由変形型」は、3人や5人、7人といろいろな人数からグループが成り、各グループの人数がそれぞれに異なっていてユニークです。これは、話し合いが熟している教室に見られるもので、テーマや流れによって子どもたち自身で自由にグループを編成していきます。

この型は、話し合いの初期段階や、軌道に乗っていない段階では、グループに入れない子が出る可能性があるのでお勧めできません。教室に話し合いにふさわしい雰囲気が醸成されていると判断できる状態になった段階で挑戦してみて下さい。

いずれにしても型を一つに固定しすぎないことが大事です。どの型にもそれぞれにメリットやデメリットがあります。

一つの固定した形でしか話し合いができないとしたら、それは先生の横着によるものだということになります。目的や教科に合わせて臨機応変に使い分けるようにしましょう。

3 グループ編成に配慮していますか？

異質集団での学習効果については、Ｗｅｂｂ（１９８９）の研究があります。それによると、異なるレベルの能力をもつ子どもを集めた異質集団では、成績が下位の子および上位の子にメリットがあると言います。同じようなレベルの能力の同質ペアは、お互いに援助が必要ないと考え、説明が生じにくいのに対して、異質ペアでは相手に理解可能なように、内容を明確化し再構成することで、自分自身が理解を深めることにつながるからです。ただし、能力が中位の子どもにとっては、異質集団はリスクがあることも示唆しています（松村２０１０）。

したがって、子どもの能力に配慮したグループ編成を行うことや、個別活動やペア活動、グループ活動、全体活動を目的や場面によって有効に組み合わせることが大事です。一人では解決が難しい挑戦的な課題をめぐって子ども同士がやり取りし、傾聴し合い、自己主張し合い、妥協し合いながら、意見の対立を解決するグループを組めるようになるには、特に最初の段階でグループ編成に配慮する必要があります。

【小集団】

二人組：対話の基本は二人です。小さい集団まずは二人組のペアで、安心して発言することのできる場を保障しましょう。一方が話し、他方が聞く。二人での対話が成立しなければそれ以上の対話は無理です。まずは二人組に力を入れてみて。

三人組：二人が対話し、もう一人がそれを聞いて二人に批評する。二人のほかに第三者が存在することも話し合いの思考をより複雑に、また高度なものにします。

四人組：４人組で行うことが一般には多いでしょう。座席の配置がしやすいことに加え、話しやすい人数でもあります。

五人組・七人組：若干多いようにも見えますが、奇数で意見が分かれて、それを反対の子どもが説得しようとしたり、物言わず聞いている子がぽそりと言う一言で、話し合いが活発化したり、おもしろい展開が見られます。

【中集団】

10人程度：小集団と大集団での話し合いの中間に位置し、二つの班を合体させるなどして行います。

実は、中集団での話し合いが学校で行われることは、めったにありません。一般に、小集団での話し合いが終わったら、次は学級全体30人以上の大集団での話し合いに移るのが普通です。つまり、小集団から大集団への間がないのです。もちろん、中集団での話し合いを行う時間的余裕が学校にはないことも事実です。

しかし、話し合いのファシリテートがうまい先生は、この中集団での話し合いを必要に応じて取り入れています。中集団で、自分の言いたいことを言えたという自信を子どもがつけると、大集団での話し合いがぐっと抵抗の少ないものになります。話し合いを質的にアップさせるのが中集団での話し合いです。

【大集団】

小集団で話し合って全体へ移行させる話し合いもあれば、最初から大集団での話し合いを行う場合もあります。もしここで意見の交流がなされなければ、話し合いは形式的なものとなり、意味をなさないものになってしまいます。

やるからにはしっかりと意見を交流させられるようファシリテートしましょう。

4 リスペクトして話すよう指導していますか？

話し合いを行うと、集団の空気を壊すようなマイナス発言をしてしまう子どもがいませんか？ そうした時、あなたはどうしていますか？

みんなの前であるいは個別に呼んで直に注意を促すこともできますが、できれば本人に直接働きかけず、やんわりと伝わるように気づかせられるとよいですね。

集団の中には、前向きな発言が自然とできる子どももいるので、その表現の仕方を紹介したり、上手に発言している子どもをほめたりしていくことで、自己主張する時に他者を傷つけることなく、リスペクトしたうえで、どう発言すれば望ましいのかを教えることができます。集団の雰囲気を地道に形成している子どもの話し方を具体的に取り上げることで、他の子どももどう話せばよいのか、次第に理解していくでしょう。

マイナス発言をする子どもは、表現の仕方を教えてもらう機会に恵まれず、不敬な表現しか知らないのですから、さわやかな話し方を繰り返し示してあげましょう。そのうち、言い合いではない話し合いの仕方がわかるようになります。

5 聴き方・話し方の指導をしていますか？

話し合いは、同時に「聴き合い」でもあります。自分とは異なる友達の意見に耳を傾け、他者を尊重しながら聴けることが、話し合いをするためのベースになります。

教室の子どもたちは、人の話が聞けますか？ 話が聴ける状態をつくることは先生にとっては、思った以上に忍耐を要するものであり、容易なことではありません。子どもたちは、家庭でゆっくり話を聞いてもらえないことも多く、自分の話を誰かに聴いてほしくて、人の話が聴けない傾向にあります。

話が聴ける状態にするためには、取り上げるテーマが子どもの生活に沿ったものであるかどうか、つまり子どもが興味のあるテーマかどうかを再検討することが大事です。できるだけ日々の問題に切迫した事柄を議題とし、課題解決型の展開にしてみましょう。

同時に、発言の仕方を継続的に指導していくことも話し合いを成り立たせるためには必要です。具体的には、論理的に話せるよう以下の二つを示します。

①結論から先に述べる
②結論の後に、その理由や根拠を述べる

例
私は、中学生でもアルバイトをしてもよいと思います。なぜならば、私はキャリア教育で様々な仕事を体験し、そこから学ぶことがたくさんあったからです。まずは、キャリア教育で体験できる仕事だけでもアルバイトの許可を出すべきではないでしょうか。

何が言いたのかわからない発言が続けば、話し合いにリズムが生まれず、子どもたちは友達の話を聴くことができません。話し合いに集中できないと、私語を発してしまいやすくなります。主張を明確に伝えるよう教えるとよいですね。

話し方の指導と聴き方の指導は、同時進行で行いましょう。

6 先生は子どもの発言を認めていますか？

子どもの発言を認めるには、いくつか方法があります。言葉にして「なるほど」と言うのもよいですね。ところが実は、話し合いの中で有効なのは、はっきり言葉でわかるように「そうだね」あるいは「なるほど」と言って認めるのではなく、教師がつぶやくように小さな声で言う「へー」「ほー」などです。こうした認め方は、子どもの思考や発表を妨げることなく、共感を示すのに最適です。

また、声は出さずとも顔全体を縦に動かしうなずくのもよいですね。これも話し合いの進行を妨げません。それから、先生の穏やかに笑う声も認めることになります。それだけで十分に子どもを受容し、場の安心感につながります。

このように、発表者やそこにいる者に安心感を醸成することができるもので、なおかつ進行を妨げないような認め方がよいと思います。

1.「へー」「ほー」「はー」「うーん」「んー」
2.顔全体を縦に動かす
3.穏やかな笑い声

先生によっては、子どもの発言に「ありがとう」と返す場面を見かけます。けれども、それはちょっと「違うな」と感じます。ましてや子どもが答えるたびに毎回「ありがとう」と答えるシーンを見ると、げんなりします。授業でいちいち子どもにお礼を言う必要はありませんし、適切な認め方ではないように思います。

もちろん、「ありがとう」と返したほうがよい場合もありますが、「ありがとう」という言葉で、せっかくつながろうとしている話し合いの流れ、とりわけ子どもの思考の流れを遮断してしまうように思うのです。これは避けたいことの一つです。

佳境に入れば入るほど、静かな「へー」「ほー」「はー」「うーん」のような遮りの少ない認め方のほうがよいのではないでしょうか？

7 指名の工夫をしていますか？

先生がファシリテートする場合、指名の順番は重要です。

実際には、机間指導をしながら、子どもの発言を拾い、事前にある程度子どもの考えを把握しておいて、キーとなる発言をしている子を指名することをよく行います。

あるいは、事前に子どものノートに書いてあることをチェックしておいて、「○○君は、ノートにこう書いていたけど、どういうことか説明して」と「ここぞ！」というところで指名したりもします。

また、先生ではなく、子ども同士が指名する方法もあります。先生が、「では、どんどん皆さんで意見をつないでいってください」といった指示をすると、子どもは、自分が言い終わったら次々と、手を挙げているほかの子を指名していきます。子ども同士でお互いに指名し合うのです。これは、友達同士をつなぐ意味もあります。

ただし、この方法をとると、はじめは必ずと言ってよいほど、「同じ人ばっかりが発言する」もしくは、「仲のよい友達同士で当てる」などといったことが起こり、一部の者のみで授業が進むようになります。すると、当然のことながら教室は、同じような意見ばかりに支配され、せっかくの話し合いに高まりや広がりが見られません。

でも、子どもにしてみたら当て方を教えてもらっていないので、仕方がないですよね。そこで、「一度も発言していない人を優先して当てようね」とか、「1班から3班の人は、4班から6班の人を当てましょう」など、わかりやすいルールを設けると、子どもたちは安易な指名をしないようになります。

ところで、先生が子どもを指名する際に、意外に見落としていることがあります。それはその先生特有の指名の順番だったり、指名の頻度だったり。つまり、自分では気づかない指名のクセです。例えば、「学力の低い子から当てて、佳境に入ったら学力の高い子に当てる」、あるいは「クラスの人気者に当てる」など。

こうした指名のクセは、子どもにはある程度見えていて、不公平感が生じていてもおかしくはありません。自分の授業の様子をビデオで撮る、指名の回数を表でチェックするなどして、時々確認してみましょう。

当ててもらえる（自分の考えを言うことができる）ことが、子どもにとっては話し合いに参加する醍醐味の一つだと思います。

8 手が挙がる「三つのこと」をやっていますか？

全体交流の時に、同じ子どもばかりが発言していることはありませんか？ 子どもたちは「どう話していいのかわからない」「間違っていたらどうしよう」「発表するのは恥ずかしい」と、思いはそれぞれですが自分に自信がないのです。

手が挙がらない場合は、「ほぐす」「待つ」「認める」の三つで、子どもに自信をつけさせましょう。

【ほぐす】ペアで少し自分の意見を掘り起こしてから、再度挙手を求める。
【待　つ】「考える時間が必要かな？ 少し待つね」と言って、手が挙がるまで待つ。
【認める】机間指導の間に「その意見いいね！ 後で聞かせてね」と自信を持たせる。

話し合いに慣れるまでは、すぐに答えられる簡単な質問で子どもを認め、全員が手を挙げることに慣れることからはじめるのも一つの方法です。

手が挙がるようにする

「では、隣の人とペアで自分の考えを出し合いましょう」

ペアなら話せる

「まだ考えているのかな？…ちょっと待つね」

待つ

「その意見いいね！」
※机間指導で子どもの意見を認め、発表を促す。

認めて励ます

「前回の学習で、学んだ３つのポイントを教えてください」

※具体的な数字を示すと安心する傾向があります。

同じ意見でもちょっと違う!!

同じ意見を先に言われた場合でも、「○○さんと同じだけど、私はここが少し違います」などと言って発言するように声かけするとよいですね。

9 ハンドサインを使っていますか？

挙手する時、発表者と自分の考えが同じ考えの時はグー、付け足しがある時はチョキ、全く異なる意見のときはパーなど、手で意思表示することをハンドサインと言います。実際には、全く考えが同じということはないので、付け足しのチョキと異なる意見のパーであることがほとんどではありますが。

小学校では利用するところも多いのですが、中学生以上だとあまり利用しないかもしれません。ハンドサインについては先生によって好き嫌いもあるかとは思いますが、特に小学校ではハンドサインを利用することによって、話し合いが活発化すると言う声をよく耳にします。

おそらくその原因は、ハンドサインを示すことを要求されると、子どもは自分の意見と対比させながら聴かなくてはならず、他の人の意見に耳を集中しなければならないからでしょう。

それに加えて、ハンドサインを示すことで、進行役が一目で意思を確認することができ、進行しやすいというメリットもあります。

10 対立軸を立てることができていますか？

話し合いの中で、子どもから出た意見を受けて、あえて明確な対立軸を立てることで、話し合いが活発になることがあります。

例えば、「携帯電話を学校に持ってくることはよいだろうか？」という問いに、ほとんどの子どもはよくない（不必要）という意見に傾き、「持ってきてもよい」という意見が出なくなった時、あえて先生が対立軸を立てることがあります。

「携帯電話が必要な時もあるんじゃないかな？　どうだろう？」

集団がなんとなく一方に傾いた時に、真剣に議論することを促すためにあえて対立軸を立てるのです。

意見が混沌としてきた場合にも、白黒はっきりした対立軸を立てることによってポイントが絞られ、話し合いが活発化することもあります。

対立軸を立てられる力量が先生にあるかどうかも、話し合いに深みが出るか否かを左右します。

11 話し合いのよさを実感させる声かけをしていますか？

話し合いの後に、似たような意見をいろいろ出し合いながら話し合っていれば、「考えが深まったね」、違う意見を出し合っていれば「考えが広まったね」と伝える。こんな声かけいいですね。

「先生は、みんなが意見を出し合って学び合っている姿を見て感心したよ～」とつぶやくのも有効です。

話し合うことで高まり合えている実感が子どもにわくよう、意識してつぶやいてみるのです。

しかし時には、「話し合いに参加しないことは、自分の意見が一番いいってこと？」「他の人の話を聞いて何も思わないってことは、何も考えてないってこと？」などと冷ややかに言うのもアリです。

緩急つけた声かけをしながら、学級で話し合うことのよさに気づいてもらえるようにするのが大事です。

もちろん子どもの活動をよく見ていないと、適切な声かけなどできませんよ。

話し合いのよさを実感させる声かけ

違う意見を話し合っていれば
　⇒考えが広まったね♪

似たような意見を話し合っていれば
　⇒考えが深まったね♫

たくさん意見が出たら
　⇒一人では出ないアイデアもみんなで話し合うと、いろいろなアイデアが出るね♪

言葉にして伝える!!

「ここまで話し合いができたら、立派だなぁ」「先生は、こんなに話し合いのうまい君たちに出会えてうれしい」。そう最初の感想を伝えると、次回から話し合いにより一層意欲的に取り組みます。

12 子どもから出た意見を整理していますか？

子どもが活発に意見を述べると、活況を呈してよいのですが、一方で多様な意見が一気にたくさん出てきて、みんなの頭の中も黒板も、混沌としてくることがあります。子どもたちが活発に意見を述べた結果、先生の頭が真っ白になることもあります。そんな時、どう整理したらよいのでしょう。

【学級会でたくさん出た意見を整理する】

意見をいくつかの観点（実現性や危険性）から整理してみましょう。

例えば、お別れ会の内容を決める場面だと、子どもからやりたいこととしていろいろな希望が出てきます。黒板には、出た意見がたくさん書かれています。ただし、実際には実現がきわめて難しいものや危険性が高いものもあるわけです。

その際は、子どもたちに一つひとつ確認しながら、例としてアレルギー対応をすれば食物を扱うことはやってもよいけれど、火は使えないので枠で囲む、お金が多分にかかることも実現できそうにないので同様に枠で囲む、強い危険が伴うものも枠で囲む……といった具合に、整理してみてはどうでしょうか？

まだ話し合いが上手にできない段階では、先生が黒板を使って整理する工程を見せてあげたらよいでしょう。整理することを学習した子どもたちは、そのうち自分たちで整理できるようになります。

【授業でたくさん出た意見を整理する】

あえて対立軸を設けて整理してみましょう。

例えば、「わが国に簡易宿泊施設のゲストハウスは必要か？」という話し合いをしているとします。すると、「安く泊まれるところがあったほうがよい」「治安が乱れる」「あると便利だ」「わからない」など、いろいろと意見が出てきます。

その際、いろいろな整理の仕方が考えられますが、例として「認可されたゲストハウス」と「無認可のゲストハウス」という対立軸を設けて考えるなどの括り方を先生がしてあげると、混沌となった子どもの頭が整理されます。整理するというだけで考え方の道筋が見えてくることもあります。

13 子どもから出た意見を深めていますか？

子どもが活発に意見を述べた時、子どもの意見をどう深めたらよいのでしょうか？深めるためには、何について話し合ってほしいのかを明確にしなければ、勢いだけの曖昧な話し合いに終わってしまいます。

【話してほしい意見を取り上げて深める】

話し合ってほしい内容が含まれている意見を取り上げましょう。そこから対立していそうな意見を取り上げ、深めるとよいですね。

・○○さんはこう言っていたけれど、なぜそう思ったのか教えてくれる？
・ほかに似た意見はない？
・○○君は違う意見だったよね？ 今の意見聞いてどう思った？

【印象に残った意見を取り上げて深める】

今までの話し合いで、印象に残ったことと、その理由を子どもに話してもらいます。すると勢いだけの話し合いから、根拠が明確となった深まりのある話し合いに変わっていくのです。

・いろいろ意見を出してくれたけど、みんなの中で印象に残った意見はあるかな？
何でそう思ったのかも聞かせてくれるかな？

【自分の考えが変わったという意見を取り上げて深める】

話し合いを通して人の意見から学び、自分の考えが変わってよいのです。大事なのは、なぜ変わったのかです。その理由を掘り起こす中で、本当に話し合ってほしい内容に迫れるのです。

・今の話し合いで、自分の考えが変わった人はいませんか？ なぜそう考えたのか教えてください。

14 子どもの発言や行為を価値づけしていますか？

例えば、自分のそれまで言っていた意見をあっさり取り下げる子どもが出たシーンを思い浮かべてください。どうですか？ その子が意見を取り下げる行為は、周りから見て心意気がなく、情けないようにも見えますよね。

気づいてほしいのは、意見を取り下げることは、人の意見を聞けたからこそできる行為であり、再度考えてみることができたからで、本当は勇気のある行為なのです。通常、子どもは意見を取り下げることはよくないこと、情けないことだと考えています。そうではなく、人の意見を聞き、考えを変えることは勇気がある行為であると、励まし、価値づけするのです。

先生が価値づけしなければ、その行為は何の価値も持たないワンシーンです。それが見えているのは、もしかしたら先生だけで、教室で価値づけることができるのは先生だけかもしれません。もちろん、教室がもっと成長すれば、子どもたち自身で価値づけることができるようになると思います。子どもの発言や行為を彼らの心に落ちるように価値づけしてあげましょう。

第7章 さあ、やってみよう！

指導法は違ってもゴールは一緒！ 気楽に取り組もう！

指導法に正解はありません。自分に合った、学級の実態に合った指導法で子どもたちを伸ばせばよいと、筆者らは考えています。

異なる指導法も選択肢の一つと認め、それぞれのよいところから少しずつ取り入ればよいのです。みなさんにとっての最善策をぜひ見つけてください。指導法に正解はないのです。自分のできることから挑戦してみましょう。

本書で紹介する指導法はみなさんにとって簡単に見えるかもしれませんし、試したことのある指導法もあるはずです。でも、どれか一つの指導法で一発解決というのは難しいですね。その簡単な指導法の積み重ねが成果となり、ある日気がついたらなんとなくうまくいっていたということになると思います。みなさんの成功のきっかけになることを提供できたらうれしいです。

さぁ、どこからでもよいので、やれるところから始めてみましょう!!きっと今までどこかうまくいかなかった話し合いが変わってきますよ。

期間を決めて取り組む

期間を決めてどの方法かに、とりあえず取り組む（やめてもよい）のがお勧めです。この「やめてもよい」が他の本とは違うところです（多分）。

取組が続かないことはよくあります。期間を決めて、修正・延期・中止を考えれば気持ちが楽になります。そうです！目指す子ども像に最後に近づけばよいのです。時には休んで、気持ちを切り替えて取り組むのはいかがでしょうか？

「まずは夏休みまでやってみよう」
「うまくいかなかったら、他の手を考えよう」
「週に1回程度でやってみよう」

と気軽に取り組めば、気負うことなく続けられると思います。途中でやめたその指導法は、子どもにも先生にとっても、次への糧になるので大丈夫ですよ。

期間を決めてトライしてみよう♬

1カ月ならやって
みてもいいかな♪
夏休みまでなら
できそう!!
週1回程度なら
続くかな♪

「夏休みまで」は理に適っている

今後も継続すべきか、とりやめるべきか、あるいは発展解消すべきか、方法を変えてみるべきか、夏休みを利用して振り返るとよいですね。夏休みはPDCAサイクルでいうところのC（チェック）がしやすいんです。

課題があって当たり前！

まずは先生が挑戦する

私（森口）は話し合いを授業でやってみる時、学年の先生たちと実際に模擬授業的な感じでやってみます。まぁ～これがうまくいかないのです。大人でも難しいことが子どもにできるのだろうか？ということになり、そこから具体的な支援を考えることになるわけです。

ベテランが強いのは、今までの経験から、どんな支援をしたらよいかがイメージしやすいからです。じゃあ、経験していない先生は？……、経験したらよいだけです。先生も自分でつまずくと、つまずいた分だけ、どんな声かけ・支援を子どもにしたらよいのかが自然と思いつくようになります。

余談ですが、子どもが書くノートに先生が実際に書いてみたり、作品をつくってみたりすることで、子どもの実態に合った適切な声かけ・支援ができるようになります。「先生が実践してみる」は、ぜひ挑戦してほしい選択肢の一つです。

先生が実践することで適切な支援ができるのです

では、自分の考えを話し合いましょう

どうしゃべるの？
すぐ話が終わるけれど
しゃべらない人がいるけれど……
思いつかない……
間違ってたらどうしよう
誰から？
先生がずっとしゃべってる

先生がやっても難しいことを子どもに要求していた!？

森口の追伸

　論文の指導が苦手でしたが、子どもに渡す原稿用紙で、実際に書く経験をしたおかげで、子どもにわかりやすい支援や、声かけができるようになりました♪

教室環境を整える

授業のうまい先生、子どもがいきいきと活動している学級は、学習環境が整っています。私を厳しく……いやいやかなり厳しく指導してくださった諸先輩方もそうでした。

そうした先生方の教室は、それまでに学んだ授業の軌跡がわかりやすく壁面に貼られ、授業の振り返りがしやすいようにしていたり、可愛く見やすい当番表が懸けられていたり、子どもの作品をただ並べるのではなく、めあて（意図）が一緒に貼られていたり……、子どもが気持ちよく学ぶ学習環境が整っていました。

一方、学級文庫が整理されていなかったり、埃がついていたりして、本を読んでほしい子どもにとって縁遠い環境になっている残念な学級も見られます。そんな荒んだ学級で話し合いは成立しません。

次ページのポイントを見て、できることから試みてみましょう。

掲示のポイント♪

○授業で使った拡大挿絵を廊下に貼って、学習している雰囲気を演出

・子どもの感想（吹き出し）を貼り、クイズコーナーを設けると質感アップ!!

○黒板周りをすっきりとさせ、子どもの集中力を高める

・黒板に華美な掲示物やチェック表などがあると、集中できない子もいます。

○掲示物の四隅をしっかりとめる

・掲示物の四隅をしっかりとめるのはけっこう面倒です。しかし、ペラペラはがれたままの教室との雰囲気は段違い。子どもの落ち着きも変わります。

○雑巾かけやロッカーの中も美しく

・子どもの落ち着き度のバロメーターです♪

教室は気持ちよく！！

授業で学んだことを「こんなにしました!!」「頑張りました!!」と、ぎゅうぎゅうに貼ってあると、子どもにとって見にくくNGです。

1 道具を使って演出しよう

（1）意思を表す色カードは用意しましたか？

ハンドサイン（6章で先述）で自分の意思を表すという手法は有効ですが、学校で統一していない場合、他教科の担任との統一が必要になります。

特に中学校になると、ハンドサインを他教科担任とも合わせることは難しく、年齢的にもハンドサインに抵抗感を示すようになったりもします。

そこで、何色かの長方形のカードを用意しておき、例えば、「肯定なら青」「否定なら赤」「判断できないなら黄色」など、それぞれにその場で意思を示すことを告げて活用するという方法があります。

使い方は、色カードを掲げて示すよう強要するのではなく、グループ内での意思決定や話し合いを深めるきっかけに利用するように心がけてください。

また、色だけではなく数字やアルファベットを表記することで利用方法も広がります。

A
B
C

(2) 模造紙と水性フェルトペンは用意しましたか?

学習班や生活班を利用して話し合いを行う時、子どもの学習机を6脚合わせてスペースをつくると、話し合いの場が簡単にできます。

各班(グループ)のまとめの意見発表をするときなどに使うのが、模造紙と水性フェルトペンです。ペンは12色で机に色がつかないよう水性のものを使いましょう。

以前は、教室の床に新聞紙を広げてその上で油性フェルトペンを使って書くという風景も見られたのですが、JIS規格が変わり子ども用の机を合わせると模造紙での作業が楽にできるようになっています。

話し合いの発表の場面では、黒板に各班のつくったまとめの模造紙を提示するので、模造紙を黒板にとめられる強力な磁石が必要です。1枚の模造紙をとめるのに4から6個の強力な磁石が必要ですので、どれぐらい必要かは発表の仕方を考えながら用意するとよいでしょう。

それから、発表時に指示棒があると、子どもも発表に熱が入りますので、指示棒も用意しておくとよいでしょう。

（3）役割と名前を書く板マグネットは用意しましたか？

板状のマグネットでつくった役割カードや名前カードを用意しておくと、役割を決めて話し合いを行うときに便利です。

黒板に時間割や日直名等を掲示するのに板マグネットを利用する方法は、全国各地の小中学校で見られるようになりました。話し合いでも、この手法は有効です。

事前に話し合いで必要な役割（議長・副議長・庶務・書記・記録・タイムキーパーなど）をつくっておき、氏名とともに黒板に提示しておくことで、子どもが自分の役割を認識し、必要な道具（記録用紙・タイマー・ベル）などを自分で用意することができます。

具体的な仕事は次の通りです。議長は話し合いを進め、最終意見をまとめていく役割を担い、副議長は議長を補佐する仕事をします。庶務は会場の設営と資料の印刷など話し合いに必要な準備を行い、書記は黒板への意見の提示や議事の記録といった仕事をし、タイムキーパーは時間の管理を行います。

事前に自分の役割を認識することにより、それぞれの仕事への心構えや心の準備ができるのです。

話し合い実施時、教室で提示するために画用紙を三面に折り作成する役割掲示プレートや発表者カードなども、話し合いの雰囲気をつくるためには有効です。異年齢での話し合いなどを行う場合は画用紙を三面に折り作成する名前カード（氏名カード）は不可欠です。

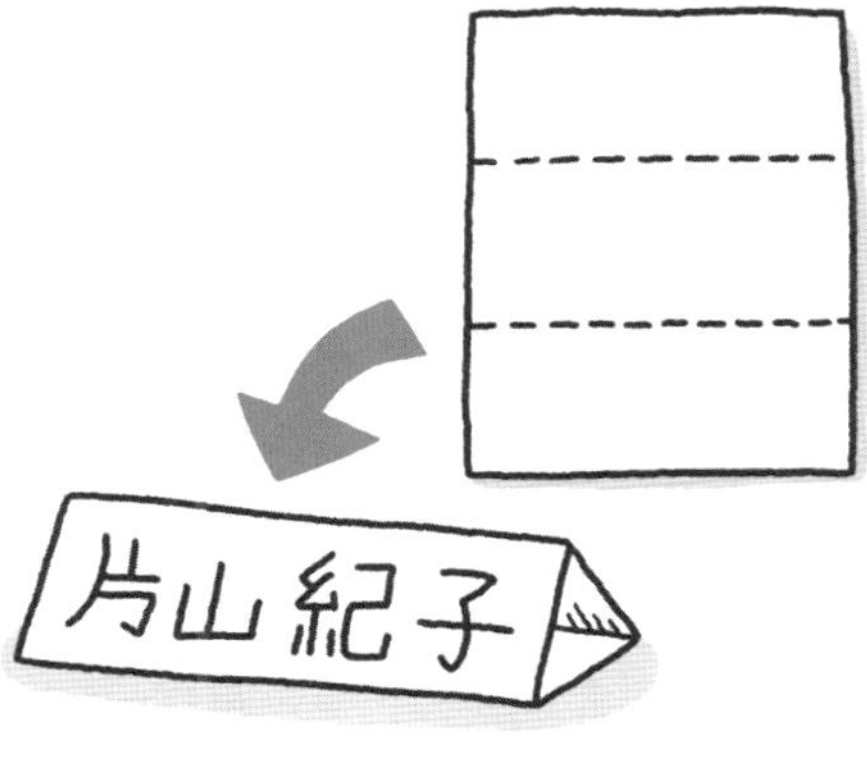

(4) 記録するデジタルカメラは用意しましたか?

話し合いにおいて、プレゼンテーション能力は重要な要素です。視覚的に話し合いたい課題を提示することによる効果は、すでに明らかになっていますね。

最近はICT器機の発達により、デジタルカメラから直接映した画像をそのまま拡大印刷機で印刷することができますし、教室のテレビやプロジェクターで提示できるようにもなっています。

パソコンに画像を取り込んでプレゼンテーションソフトで加工しなくても「必要な画像」を提示することは可能なので、デジタルカメラが利用できる環境なら使ってみてはどうでしょうか。

また、話し合いで出された意見を黒板に記入し、全員がその意見を確認しながら、さらに話し合いを深めるという場面もよく見られます。ただ、それを書記が時間内に正確に記録用紙に書き写すという作業は書記となった子どもにとって重荷になる場合があります。

こうした時、役に立つのが「記録担当者」です。記録担当者が、話し合いの風景だけではなく、適時、黒板をデジタルカメラで写しておくと、その場では書き写せなかった事柄についても容易に振り返ることができます。

○月×日( )

(5) 付箋紙を使っていますか?

ＫＪ法に代表される、大きな付箋紙（7・5×7・5センチ）を使って個人の考えをまとめていく手法は話し合いにとても有効です。

「賛成」「反対」や「強み」「弱み」など、対立する意見や考え方を2色のポストカードを使ってグループ化したり、ランキング化したりしながら小グループ内で自由に意見を出せる雰囲気をつくるときに必ず必要になるのが付箋紙です。

模造紙を台紙としてお互いの意見を出し合いながら移動させ、水性フェルトペンなどで色分けしていくため、裏面にはがせる糊がついているものを使うのが一般的ですが、少人数や狭い場所しかない場合は、後述する小さなホワイトボードとマーカーで作業をするほうがよい場合もあります。

とても便利な付箋紙ですが、はがしやすいだけに長期間の活用には向いていません。次回使用しようとした時に、前回の結果がはがれている等の事態が起こらないためには、完成時の後始末に注意を払う必要があります。次時にも使う場合は、のりやセロテープで補強しておくなどの対応が必要です。

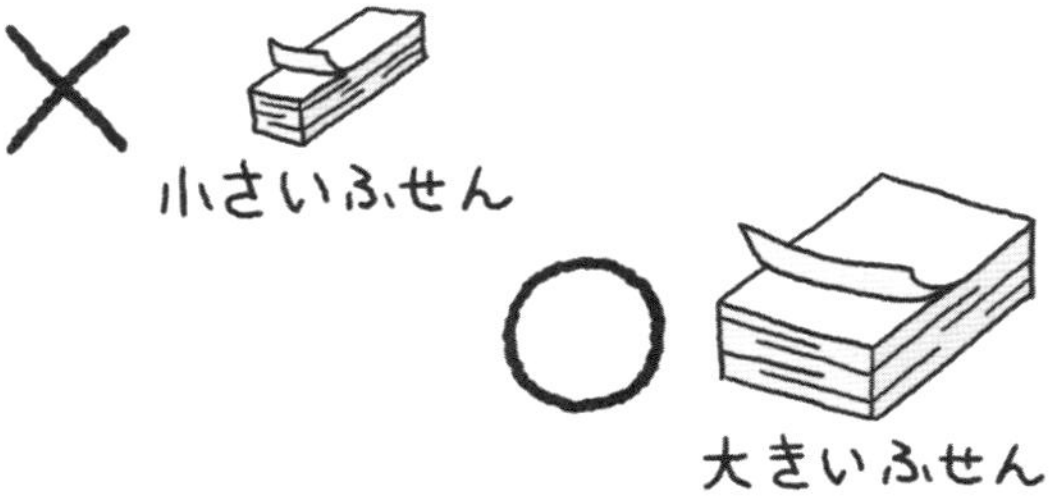

最初のうちは字をいっぱい書こうとするので、どのように書けばよいのか指示するとよいでしょう。
森口は単語だけ書き、その説明をグループでしあってもらいます。

(6) ブレーンストーミングの技法を知っていますか?

ブレーンストーミングとは、頭の中に浮かんだことを次々と出し合っていくことです。ブレーンストーミングで、アイデアをたくさん集めたり、仲間のアイデアを可視化しながら考えていく技法として、最近ではフィンランドの「アヤトゥス・カルタ(英語でいえばマインドマップのことで、トニー・ブザンというイギリス人が考案した思考法)」という樹形図を利用するのを目にすることが多くなりました。

少人数のグループ(4~5人)で自由に意見を出し合い、他の人の意見を聞きながら、自分の頭に浮かんだアイデアを出していきます。連想するキーワードやイメージを放射状につなげ、柔軟な発想を大切にしながら連想ゲームのように次から次にアイデアを広げていきます。

ブレーンストーミングを行うには、グループ内で仲間のアイデアに対して一方的に批判しないということが大事です。一方的に他者を批判する意見は、単にグループ内での雰囲気を悪くするだけでなく、自由な発言や柔軟なアイデア作りを妨げてしまうからです。

アヤトゥス・カルタ（マインドマップ）例

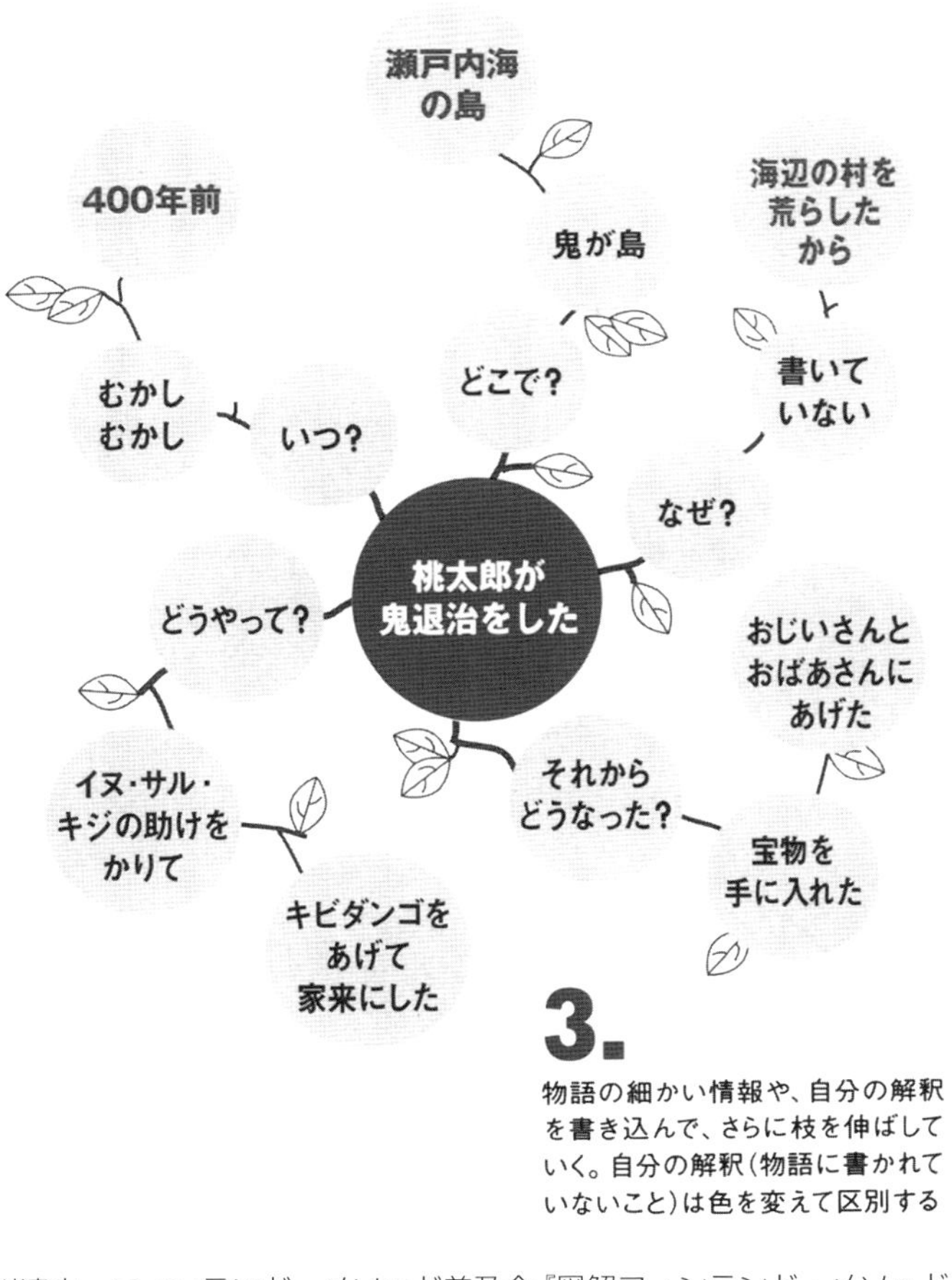

（北川達夫・フィンランド・メソッド普及会『図解フィンランド・メソッド入門』経済界　2005　P.35より転載）

(7) 小サイズのボードとマーカーを使っていますか？

小サイズのボード（ミニサイズのホワイトボード）は、グループでの話し合いに欠かせない道具のひとつです。少し値段は高いのですが、裏側に磁石のついているものは、各グループのまとめを行う時に一斉掲示できるので便利です。

安価だというので磁石のないものを使用すると、一覧するときに一つひとつ手で提示しなくてはならなかったり、黒板の下の部分に一列に並べるので後ろの子どもが見にくくなったりするため、裏側に板マグネットを張り補強しておきましょう。

マーカーは、黒赤青の3色を使用します。特に黒は頻繁に利用するため、使用時に乾いていると、かすれた字になってしまいます。キャップをきちんと閉めるように指導しましょう。場面によって字の太さも使い分ける必要があるため、太字と中字の2種類を準備しておくとよいでしょう。

また、ボードに時間が経った書き残しなどがあると消す時に苦労します。子どもが使用した後は、必ずマーカー消しで消すよう心がける必要があります。

最近では静電気で壁に貼り付き、先述のミニホワイトボードのように使える押しピンや接着剤が不要なシートも販売されています。両面が利用できる使い捨てタイプのものもありますので、必要性に合わせて使用すると有効だと思います。

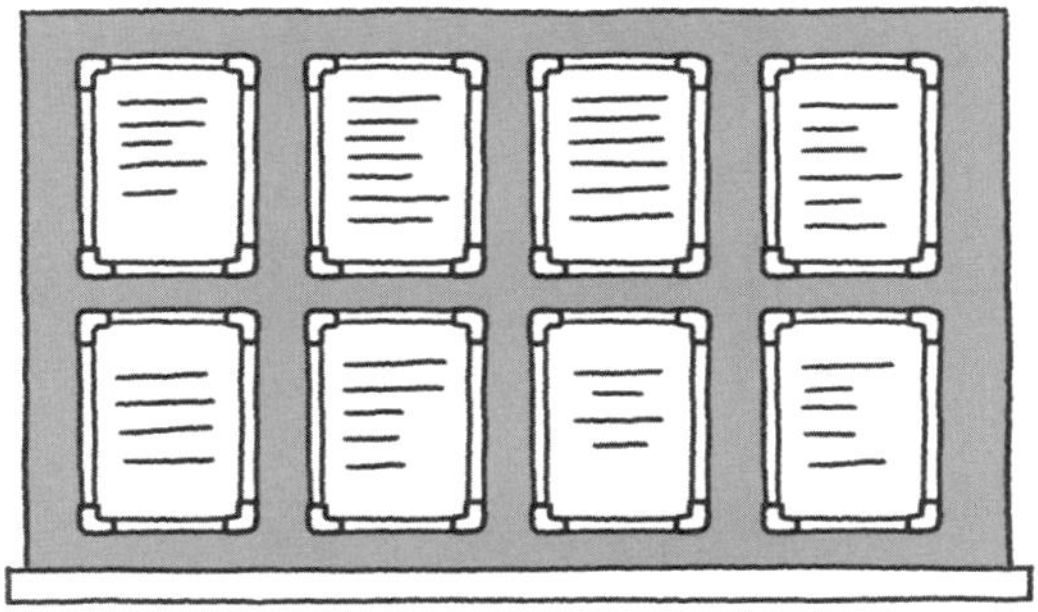

最初はカラフルにしすぎます。キーワードは赤、下線は青など指示してもよいです。

（8）電子黒板を使っていますか？

タッチパネル式の電子黒板や大型液晶プロジェクターが、各教室に配置されつつあります。せっかく配置された電子黒板に、いつも埃よけの布が被さっている状態なら、少しもったいないですよね。

多少の操作スキルを身につけることが必要ですが、こうした機器も話し合いに利用するとよい効果を生み出すことができます。

前述しましたが、黒板の弱点は「消えてしまう」「消したものは戻らない」「記録できない」というものでした。こうした弱点を電子黒板はカバーしてくれます。

さらにタブレットと組み合わせることにより、個人の考えの集約やグループのまとめが板書しなくても共有できるという利点があります。

従来の黒板にはなかった「考え方のプロセス」や「みんなの考えの変化」を瞬時に視覚的に示すことが可能になってきました。単に、意見発表におけるプレゼンテーションの道具として実物の提示や拡大という機能面による活用にとどまるのではなく、意見発表に消極的な子どもの考えや、話し合いの内容を理解しているのに話し合いに参加できない子どもの考えや意見を表示する道具としての活用方法も考えてみてはどうでしょうか。

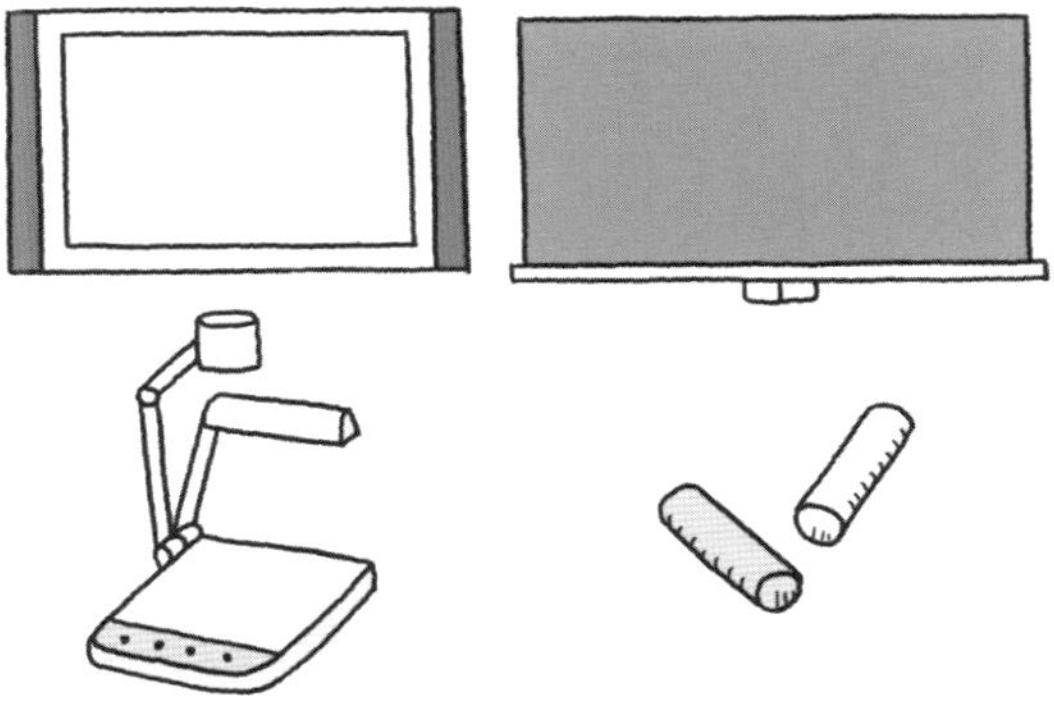

(9) タブレットを使っていますか?

タブレットがどうしても話し合い活動に必要かというと、そうではないと思います。ただ、先述した模造紙やミニホワイトボード・提示シートのように事前準備が必要なものに比べて、その準備に費やす時間は軽減されるという利点はあります。

また、最近はタブレット端末の機能が充実し、個々の子どもの画面提示や子ども全員の画面の一括提示が可能になり、話し合いの中での子どもの「思考の可視化」が簡単にできるものまで出現しています(コンテンツが必要な場合もあります)。

チャットや掲示板といった機能やスカイプに代表されるテレビ会議システムの機能が利用できる環境なら、海外の子どもとの話し合い活動も可能です(時差という課題があるため一部地域に制限されますが)。

タブレットは一般的に指でなぞるものという印象がありますが、話し合い活動で利用するときには手書き入力がすぐにできるタッチペンが意外と有効な場面もあります。というのも、文字入力が苦手な子どもにとっては意見を入力するのに時間がかかると、せっかくの意見を述べるのが億劫になることがあるからです。予算があるのなら、タッチペンも用意しておくとよいでしょう。

ただこうした機能や機器が、「まずはじめにありき」という発想からの活用については あまりおすすめできません。どのような場面でこうしたＩＣＴ機器を活用するかについては、行う話し合いの主旨やめあてがとても大切になると思います。授業の流れや授業計画を十分吟味しながら、必要な場面で利用するというスキルが求められています。

(10) カウントダウンタイマーは準備しましたか？

話し合いでは、時間の管理が必要でしたね。

電子黒板や大型プロジェクターが教室に配備されはじめたとき、一番欲しいコンテンツとしてあげられたのが「カウントダウンタイマー」でした。今では、多くの電子黒板に標準で装備されているようです。

電子黒板が配備されていなくても心配する必要はありません。フリーのソフトとして、またスマホのアプリとしても手に入ります。一番簡単に手に入れる方法はキッチンタイマーですが、大きく表示できないという難点があります。

話し合いの残り時間がどれだけあるかを大きく視覚的に表示してくれるカウントダウンタイマーは、子どもが時間を意識し、時間内になすべきことに集中して取り組むことができます。

特別支援を必要とする子どもにとっても、安心して活動に参加するための大切な手がかりとなります。そのため、教室のどこからでも大きく見える必要があり、そうした環境をつくる必要があります。古いパソコンにカウントダウンタイマーのフリーソフトを入れて表示するなど工夫してください。

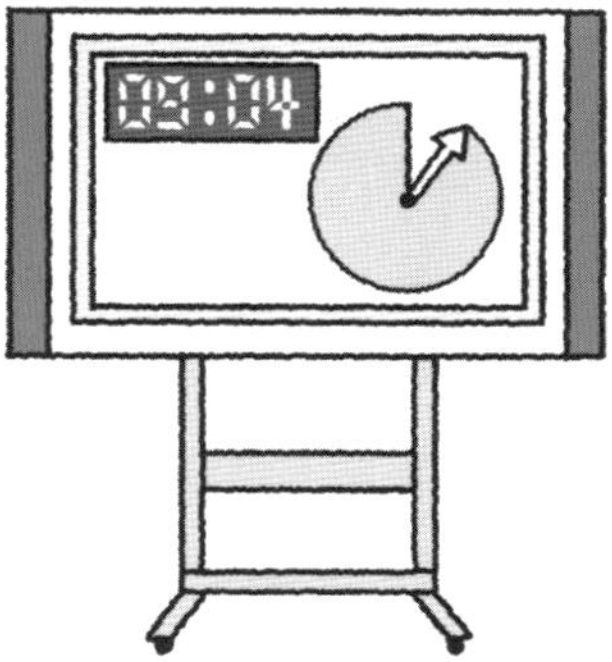

何分でまとめられる？ と子どもに聞いてみるのも子どもが主体的に活動できてよいです。

2 話し合いの種をまこう

「さぁ、話し合いをしましょう!」。

あなたは、これで話し合えると思っていませんか? いきなりの話し合いは、ちょっと難しいですよね。

話し合いがサッとできるようになるには、まず、話し合いの種をまけばよいのです。

話し合いの種は、**情報の種**と**和みの種**の2種類です。

情報の種とは、話し合いの根拠となる知識を事前に子どもたちにまいておくこと。

・事前に戦争についての映画を観賞する(テーマ:平和)
・携帯が取り上げられた新聞を掲示しておく(テーマ:携帯)
・朝の読書の時間に子どもの前で物語を暗唱で紹介する(テーマ:発表形式)
・音楽コンクールで歌ってほしい曲を何曲か食事中に流す(テーマ:選曲)

など。

事前に情報の種をまくことで、子どもたちが意見を言いやすく、根拠を持った話し合いを進めることができるのです。

和みの種とは、話しやすい雰囲気・人間関係を築いておくこと。

・アイスブレーキング

よいところみつけ・肩もみ・自己紹介・サイコロトーキングなどをすること。リラックスして話せる環境をつくることができる。

・トーキングスティック

マイクでもぬいぐるみでも、それを持った人が話をすること。話しやすく、聞きやすい環境をつくることができる。

・名前の呼び方変更

話し合いの時はファーストネーム（下の名前）で呼び合うなど、名前の呼び方を変えること。照れや普段の人間関係を忘れてもらいましょう。

・座席の変更

話しやすい座席を指示すること。

全てを行うのではなく、今回は「これを」とどれか一つ選んでも、新鮮でよいかもしれません。

情報の種をまこう

映画鑑賞したね!!
戦争に関する映画を事前に見せ「平和」に関する意識を高めておく。

携帯が中学生で問題に!!
新聞情報を事前に伝えておく。

先生の「暗唱」聞いたことあるよね!!
子どもが何か発表する時に「暗唱」が選択肢の一つに入る。

この曲聞いたことがあるよね!!
食事の時間に、近いうちに話し合う内容に関する音楽を流す。

手がかりのない話し合いはNG。
思いつきだけで話すと、ただの雑談になるので気をつけましょう。

和みの種をまこう

アイスブレーキング
・チェーン自己紹介（ファーストネームで）
「歌が好きな○○さんの隣のバレーボールが好きな△△です」

トーキングスティック
ぬいぐるみ（クラスのマスコット）を持っている人が話す。

座席
・コの字型
顔を見合って話し合える。
・二分型
ディベートなど意見を対立させる時にどうぞ。
・まる型（円）
少人数の場合、話を回しやすく、参加しやすい。

諸富祥彦ほか『クラス会議で学級は変わる』（明治図書、2010年）を参考に作成。

3 話し合いのメモを用意しよう

「このクラスは学力が低いから、話し合いなんてどうせ無理！」

そう思っていませんか？　うまく話せない子どもたちだと決めつけていませんか？

彼らも内心は発言したいと思ってうずうずしているはず。安心して話せるように最初のうちはメモを用意させるとよいでしょう。はじめはメモを見なければ意見が言えなかった子も、そのうち自分の考えをメモなしで話せるようになります。

また、事前にメモを書かせておくと、担任がクラスの意見を把握しやすく、話し合いが停滞した時に「〇〇さんはどう思っているの？」など、話し合いを促進させたり、流れを転換させたり、時には対立させたりすることもできます。

①はじめはメモを見て

②メモはするが、話す時は見ない

③メモなしで話し合い

こんな風に進めるとスムーズです。

話し合いのメモを用意する

3年B組　話し合い用メモ

月　日

名前　　　　　　　　　　（　　）

あなたはクラスに携帯を持ってくることについてどう思いますか。

賛成・反対（「反対」に丸印）

その理由

・授業に集中できない。

・携帯を持っていない人は仲間になりにくい。

・いつも携帯が気になり疲れる。

メモは簡単に書くよ！！

・理由は箇条書きで書いてね！
・何個書いてもOKですよ。
・メモなので短文にしましょう。

4 司会者カードを用意しよう

学級会形式の時は、司会者カードを用意します。それを司会者だけでなく全員に配布することで、討論の進め方を子ども同士が共有できます。

筆者は、裏面に討論の採点表を載せます。全員の採点を合計して討論が上手だったチームを発表します。子ども一人ひとりが採点に参加できること、さらには採点されることで、積極的に話し合いに参加するようになるというメリットがあります。

そうしたカードがあると、討論が脱線することもなく、進められるのもうれしいところです。

難点としては、多用すると飽きがきて形骸化してしまうことです。ですので、私は1年に2回程度使うようにしています。

1回目の終了後に、「討論会、すごく盛り上がったね。次回はいよいよ本番です。○○について話し合うよ。どのチームも今回の討論をぜひ振り返って、次回に臨んでください」と盛り上げます。

司会者カード

学級討論会をしよう

～　相手の意図を聞き取り,自分の主張を伝えよう　～

ディベート（debate）
一定のテーマについて，
賛否二つのグループに分
かれて行われる討論。

ディベートの進め方（司会者）

１．　開会宣言と役割の紹介

これからディベートを行います。今日の話題は「**教室での携帯使用は生徒にとって有益か有害かです。**」

司会は＿＿＿＿＿＿です。計時係は＿＿＿＿＿です。

有益グループは・・・さん・・・さん・・・さん・・・さん・・・です。

有害グループは・・・さん・・・さん・・・さん・・・さん・・・です。

２．　ルール説明

ルールや注意について先生お願いします。

・発言するのは手を挙げて，当てられてから。
・相手に聞こえるようにはっきりと丁寧な言葉で発言する。
・勝ち負けが全てではなく，相手の意見を聞いて自分の考えを発言するのが大切。　　など
・考えを深めよう。

３．　初めの主張

では，ディベートの開始です。〇〇グループは**初めの主張**をしてください。

次は，△△グループの初めの主張です。どうぞ。

４．　作戦タイム

作戦タイムです。各グループ，時間は＿＿＿＿分です。
その間，審判は**初めの主張**について採点と質問を考えてください。

時間は一回目の様子を見て，学級で調整します。

５．　質問とその答え

審判グループから〇〇グループへの**質問**です。時間は＿＿＿＿分です。始めてください。

審判グループから△△グループへの**質問**です。時間は＿＿＿＿分です。始めてください。

６．　最後の主張準備

最後の主張のための作戦タイムです。時間は＿＿＿＿分です。

審判はその間に，採点したりそれぞれのよかった点などを書いたりしておいてください。

７．　最後の主張

有益グループの**最後の主張**です。どうぞ。
有害グループの**最後の主張**です。どうぞ。

８．　感想と判定

それでは審判の人は，感想をお願いします。

有益グループの感想をお願いします。　有害グループの感想をお願いします。

最後に判定です。有益グループの方の点数がよかった人は手を挙げてください。

有害グループの方の点数がよかった人は手を挙げてください。


最後に先生のお話です。

採点表

ディベート判定表

3年B組　氏名　森口　光輔

話題　　教室での携帯使用は生徒にとって有益か有害か

採点表

内容	採点基準	有益グループ	有害グループ
初めの主張	1．説得力のある意見であった。 2．聞いていて分かりやすかった。	1　2　3 1　2　3	1　2　3 1　2　3
質問の答え	3．質問にうまく答えていた。 4．話し方や態度がよかった。	1　2　3 1　2　3	1　2　3 1　2　3
最後の主張	5．相手の意見を取り入れていた。 6．聞いていて分かりやすかった。	1　2　3 1　2　3	1　2　3 1　2　3
協力	7．グループでよく協力していた。 8．みんなが発言していた。	1　2　3 3　0	1　2　3 3　0

点　　点

感想

有益グループ	有害グループ

5 メンバーを構成しよう

グループ内に話し合いをリードできる子がいるかどうかチェックしましょう。

筆者は、席や班は話し合いが成立するよう考えて配置します。話がそれますが、その理由から席替えを「好きなもの同士」「くじ引き」ではしません。子どもたちには「いろいろな人とかかわってほしい」と伝えます。そうすると、徐々に席替えに対する不満はなくなります。

話し合いに慣れてくると、仮にリーダー的存在の子がいなくても、それはそれで「自分が話すしかない」と感じて、拙いながらも話し合えるようになります。いつまでもこちらがメンバーを意識して構成する必要はありません。ご安心を。

さて、討論などで自分の意見と違うグループに移ってほしい時や人数をある程度揃えたい場合はどうしましょうか？　筆者の場合、個人交渉もしますが、「あえて、自分の意見と違うグループで討論に挑戦する人はいませんか？　かなりカッコいいよね」という魔法の言葉をかけると、これでほぼ解決します。

6 資料を用意しよう

(1) 話し合いの仕方がわかる資料

話し合いをいざはじめると、「携帯反対」「バイト賛成」など、単語や短文での話し合いで、あっさり終わってしまうことがあります。

「話し方」「聞き方」をわかりやすく掲示しておくことで、子どもたちは単語のやり取りから、接続語を使ったなめらかなやり取りができるように変わっていきます。

「話し方」「聞き方」の資料を作成し、子どもが見やすいように、教科書の背表紙や普段使うものの裏などに貼るのも有効です。

最初は「どんな言い方で話せばよかったかな？ 話し合いの紙を見てごらん？」と確認を促しますが、すぐに子どもたちはマスターしていきます。とにかく、子どもはすごいんです！ 習得する力とスピードが！

字がいっぱいで、活用されない、見向きもされないものより、子どもの実態に応じた「話し方」「聞き方」の資料や掲示物を用意しましょう。

「話す」「聞く」

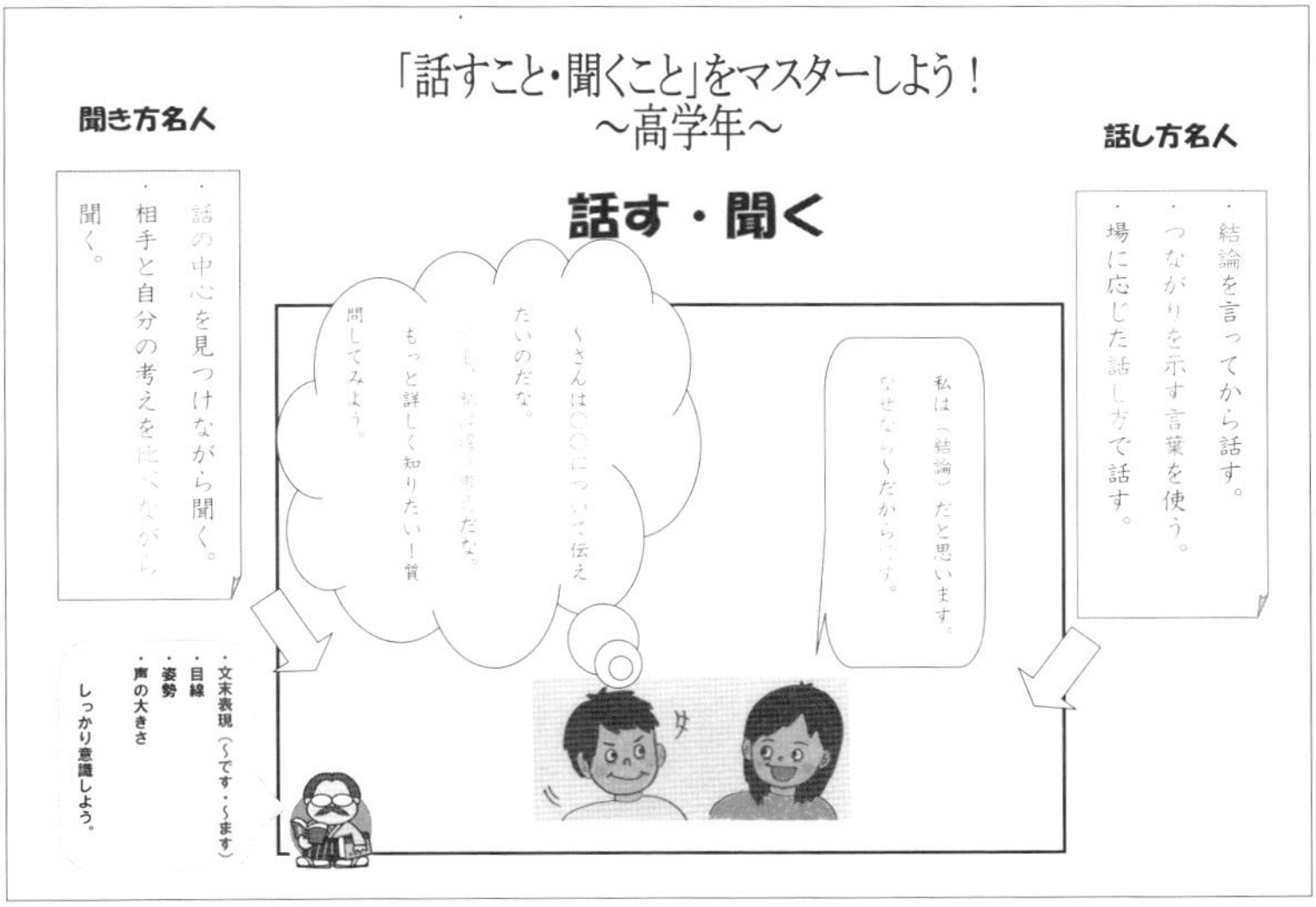

焦らなくても大丈夫！

最初から話し合いが成立する学級は、あまりありません。はじめはグループの話し合いであっても、全体の話し合いであっても、話型指導から入るのが形式的に見えても意外と有効です。数回話し合いをすれば、子どもはコツをつかみます。

そのうち話型資料を見なくても、自然と話せるようになりますよ。

（2）話型を用意し、話し合いをしやすくする

話し合いでなされる子どものやりとりを具体的にイメージすると、次のような流れが予想されます。

①自分の感じたことを伝える。（理由を添える）
②伝えたことに対する意見をもらう。
③それについて答える。

この3つを基本のパターンとして、子どもの実態にあった話型を具体的に考えてみましょう。それらを教室の見えやすい場所に貼ったり、教科書の背表紙、ノートに貼ったりすることもできます。

小グループの話し合いであっても、話型は意外と重要です。話型の支援は最初に行う準備運動だと思ってもらえればOKです。

話型を参考に話し合い活動を進めましょう

話し合いの進め方

意見を交流する場面

これから○○（テーマ）について話し合いを始めます。

では，Ａさんからお願いします。

（全員自分の考えを順番に発表する。）

基本の形

まず，・・・

次に・・・

そして・・・

ノートに書いたことを見て説明しよう。ノートを見せたり，書いていないことを付け足して言ったりしてもいいよ。

付け足す・同じ考えの場合

ぼくは，Ａさんにつけたして・・・

わたしは，Ａさんと同じで・・・

意見をまとめる場面

みんなの意見をまとめたいと思います。

どの意見が分かりやすかったですか？

ホワイトボードには大きく見やすい字で書こう。
発表するときは書いていないことも話していいよ。

わかりやすくまとめる場合

Ａさんの考えにＢさんの考えを付け足すとよいと思います。

ここの部分をもうすこしくわしくすればよいと思います。

ホワイトボードにまとめる場合

絵や図を入れるとよいと思います。

キーワードは色を変えるとよいと思います。

（3）共通の資料を用意し、価値観の共有を図る

話し合いを進めていくと、子ども同士の話し合いの仕方に差が出てくることがあります。その一つが「相手の言っていることがイメージできない」ことから発生します。相手の言っていることがわからないし、整理できないので、質問できない、話が続かないのです。

そんな時は、話し合いの土台となる共通の資料を用意し、価値の共有を図るようにするとよいです。共通の資料を指で示したり、資料に書き込んだりして話し合うと、ずっと話が盛り上がります。

最近では、タブレットでも気軽に交流ができ、共通の資料としても有効です。ある時、創作ダンスの表現方法について話し合いをしたのですが、グループごとの動画が必要と判断しました。各グループの、動画をパソコンに保存し見合えるようにしました。多少手間でしたが、話し合いは子ども同士が価値観を共有して主体的に臨めました。

タブレットは、数学の図形について話し合う時なども図形を操作しながら話せるので、とても便利ですよ。

話し合いの共通資料を用意する

理科：地学

なぜ、冬は夏より日照時間が短くなるのか、地球儀を使って説明しよう。

※電球スタンド（疑似太陽）を用意しておき、必要に応じて渡せるようにしておく。

体育：創作ダンス

ダンスをより美しく見せるためにはどこを工夫すればよいのだろう。

※体育館に持って行って、すぐに実践できるようにする。ずっと撮った動画を見ている班には声かけを。

7 ルールを決めて進めよう

話し合いになると、特定の子が繰り返し発言したり、数人の子の発言で完結したりして、一部の子に話し合いが独占されてしまうことがあります。それでは他の子どもたちが話し合いを楽しめません。ワクワクする話し合いにもなりません。

そこで、話し合いを行うためには、簡単なルールをつくる必要が出てきます。ルールは子どもと一緒に決めた方がよいでしょう。お互いに納得できるルールを決めるところから、話し合いははじまっていますよ。

ルールの例

・話し合いにみんなが参加するようにする
・聞いている人が気分を悪くするような言い方はしない
・話している人の発言をさえぎらず、最後まで聞く
・決まった内容を尊重する（自分の考えと異なる内容であっても）

8 話すべき言葉のみを厳選した原稿を用意しよう

これは話し合いに限ったことではないのですが、先生という職にある人は、勉強すればするほど、勉強したことを思い通り実践したくなって、あれやこれやとしゃべりたくなるものです。そんな経験はありませんか？

せっかく子どもの主体性を意識した話し合いのはずなのに、息苦しいものになり、話し合いが台無しになってしまいますよね。過去には、1分に1回発問する研究授業を見たことがあります（ひぇ～）。その先生の授業は、もちろん思い通りには進まず、焦って思いつきであれこれと話し、子どもの主体性など一つも見られない授業となってしまいました。

話すべき言葉のみを厳選した原稿を用意し、授業に臨むようにしてみましょう。（暗記することが望ましい）。そうすることで、自分の考えも整理され、思いつきで無駄な発言をすることも減ります。一度、自分の授業をビデオに撮ってみましょう。思っている以上に、話しすぎていることに気づきますよ。

先生が話しすぎないように言葉を精選しよう

つまり、今の話はどういうことかと言うと……
本当にわかったかな？わかっていない人もいるんじゃないかな？

【導入】

それでは，ここに同じ日の，同じ新聞を用意しました。しかし作った時間に違いがあります。朝刊は夜につくられますが，印刷した後にも，このように新しく作られるのです。時間はなんと３時間ぐらいでです。

では，どんな違いがあるか，ペアで見つけ出しましょう。

> **この間に板書，「単元名」「3 時間」**
>
> **○「写真」「小見出し」「内容」などの視点をもてているか確認する。**
>
> **○気付きで伝えてほしい場合，授業に参加できていない児童には，指名して，共有・参加できるようにする。**

【展開１】

はい，それでは，まだ読みたい人もいると思いますが，いったん新聞を置きましょう。どんな違いがあったか，教えてくれるかな。あと，発表してる人の顔を見るんやったな。では，教えてくれる人。

【展開２】

では，気付いたこ

か？

> **「時間」への意見**
>
> **「なぜ」という言**
>
> **キーワード**

しゃべり過ぎの先生は原稿を書いて！余計なことは話さない!!

気がつくと、同じことをニュアンスを変えて繰り返し話している時があります。

第8章

おわりよければすべてよし

1 決まったことは尊重する

話し合いをしてクラスの困りごとを解決する際、先生の思っていたゴールとは違う、頼りない結論で終わる時があります。

でも、それでいいのです。温かく見守ってあげましょう。話し合いの効果は、実はすごいんです！

給食の残菜で困っていた学級の例です。このクラスは、担任が何度呼びかけても残菜は減りませんでした。そこで、「クラスで残菜をなくすにはどうしたらよいか？」というテーマで話し合うことになりました。その結果、「残菜をなくす」という結論に至ったのです。

何も解決していないのでは？という担任の予想を裏切り、翌日から残菜がゼロになりました。子どもたちが自ら考え、主体的に取り組む話し合いの効果は、時に担任の予想を大きく上回るのです。

もちろんうまくいかない時もあります。そんな時は、また話し合えばよいと気楽に構えましょう。何度でもできるのが、話し合いのよいところです。

話し合い活動で残菜がゼロになる

テーマ
クラスの残菜が減りません。どうしたらよいですか？

残菜を残すのは私も駄目だと思います。
残さないようにしたらいいと思う。
私もAさんの意見に賛成です。

解決策は「クラスの残菜をなくす」に決まりました。

話し合いの効果はすごい!!
　こんな拙い話し合いでも、子どもが主体的に活動することで、本当に残菜がゼロになったのです。

2 意識付けを促す

道徳で話し合いをした後に、「実際は行動に移せていないよね……」と悲観する先生も少なくないのではないでしょうか?

話し合いの積み重ねで、いずれ変化が現れると信じましょう。

今は、それぞれのよかった発言を吹き出しに書いて貼ることをやってみませんか?掲示物にして視覚化することで、他の意見はないかなど、子ども自身も違う視点で考えるようになります。

学級だよりで保護者に知らせるのも一つの手です。「話し合いでこんな結果が出ました!」と発信するのではなく、子どもの話し合いがどのように変わってきたのか、その成長を知ってもらえるように私は努めています。

話し合いを単発で終わらせるのではなく、いろいろな角度からとらえ、その様子を周りに発信していくことで、子どもたちは自分たちの話し合いの意義、そして広くは民主主義というものを考えるようになります。

いろんな形で発信

掲示物で

1分で準備する
1分で整列する
（先生も挑戦）

日直が黒板の溝の
雑巾がけをする
（男女各1名）

おき勉しない
（教科書・ノートは
持って帰る）

ロールプレイで

はい。では今から実際にやってみましょう。
実際にしてみてどうでしたか？

ロールプレイも効果があるよ!!

掲示物で意識を高めるほかに、話し合った内容をロールプレイするのもよいですね。実際に一度体験させると実感がわいて効果があります。

3 子どものつぶやきに聞き耳を立てる

話し合いを終えた直後の子どもたちは、どのような感じでしょうか? 筆者は子どもたちが何事もなかったかのように次の授業に移ると、「形骸化した授業だったのだろうか?」と敗北を感じてしまうことが時にあります。

こんな時は、話し合いが終わった後のつぶやきに聞き耳を立てるようにしています。興味がわいたり、充実を感じたりした場合は、黒板の前で子ども同士が意見を述べ合う姿が見られることもあります。

また、子どもが「先生は、さっきの話をどのように思いますか?」と言ってきたり、「さっきの話、私は納得いかない!」と、先生に意見したりもします。

ただ、つぶやきは不満であれ何であれ、話し合いが新鮮であるという証拠です。話し合いがマンネリ化するとつぶやきは聞こえなくなります。

子どものつぶやきには、次の話し合いへのヒントがいっぱいです。時には、先生の方から「さっきの話し合い、どうだった?」と聞いてみるのもよいですね。胸に突き刺さる厳しい意見も含めて参考になりますよ。

新鮮味のある話し合い活動を心がける

今日はサイコロで最初に話す人を決めます。

タブレットを使って、意見をまとめましょう。

いつもと違うグループで話し合ってもらいます。

では、決まったことを実際にやってみましょう。

話し合い後のつぶやきにヒントが!!

話し合いの後の姿をじっと観察して、次回の話し合いの方法を考えましょう。

本書にある実践例を参考に、話し合いに少し変化をつけるだけでも、マンネリ化は防げます。

4 振り返りで主体性のある話し合いに

話し合いは、成功だけを求めるのではなく、振り返りも大事にするとよいですね。

小4の娘の話です。クッキー作りのために卵白と卵黄を分けるのですが、見ていてもどかしく、手伝いたくなる時がありました。しかし、殻が入ってしまうこと、黄身と白身が混じることも経験し、その経験を振り返ることで、そのうち上手に黄身と白身が分けられるようになると信じて見守りました。話し合いも同じではないでしょうか。

実際、話し合いはうまくいかないことのほうが多いものです。それらの経験を振り返り、改善していくことの積み重ねこそが成功への道なのです。そう考えることで、先生の子どもに対するかかわり方も変わりますよ！

なぜ、うまくいかないのか？と子どもと一緒に客観的に分析しましょう。すると、「先生に怒られるから、しているだけ」といった意外な原因が見つかって唖然としたりもします。あまり力まず、焦らず、我慢して見守りましょう。

振り返りも大事に

主体性が育たない話し合いに……

子どもを主体に!!

「もっとよくするためにはどうしたらいい？」など振り返らせ、子どもの主体性が育つ話し合いに。

5 計画書をつくって、ブレない指導を

思いつきで話し合いをしていると子どもに思われないために、取組内容について「めあて」や「期間」「活動内容」、さらに準備物までをＡ４サイズ１枚で見やすくまとめた計画書をつくってみましょう。

先生の本気度は子どもに伝わり、子どもは心動かされます。また、先生自身の考えもまとまり、やる気スイッチが入ります。見やすく取り組みやすい計画書は、一緒にやってみようという気になる同僚仲間も増やします。仲間がいることで切磋琢磨できるので、大変そうに見えて、実は時間や労力に見合っているのが、この計画書づくりです。

ぜひ、先生の話し合いに対する思いを子どもにも同僚や保護者にも理解してもらい、協力してもらいましょう。世の中、ちゃんと言わなければ伝わりません。周りに理解してもらうことは、先生の大事な仕事です。でも、それより何より、そのほうが断然早道なのです。

～計画書を作ってみよう～

参考資料　　平成23年4月　森口　光輔

クラス会議

【ねらい】

○長期的・継続的な取組と位置付け，「自尊感情」，子どもの「他人を思いやる力」「主体的に問題を解決しようとする力」を育てる。

○担任同士の話し合いの土台とし，「学年を担任全員で見る」を実践できるようにする。
（担任同士の話し合いによるスキルアップを狙いたい。）

【期間】　4月から7月末まで　（9月からは未定）

○月曜日（週明け）に1時間（学級活動），「クラス会議」を取り入れる。
○火曜日～金曜日のステップタイム（15分）は「ありがとうみつけ」のみする。
※月曜日のステップタイムを「脳プリタイム」とする。（別紙提案）

【クラス会議のおおまかな流れ】　※以下参考文献・挿絵は「クラス会議で学級は変わる」明治図書より引用

【準備物】

① 時間設定（45分））
② トーキングスティック
③ 議題箱
④ 議題を書く紙

【活動の流れ】

活動①「輪になる」　　活動②「ありがとう見つけ」をする。

計画書にトライ!!

　計画書は、伝えたい相手を意識してつくりましょう。
（学年の先生や校長先生）
　私は挿絵を入れて（本当は余裕がなくとも）遊び心を演出します。その方が相手も読んでくれます。

6 虎の威を借るキツネ作戦 ～前向きに取り組めるように～

新しい取組をしようとすると、大人も子どもも身構えてしまいます。他のクラスの成功例を示して前向きに取り組めるようにするのもよいですね。

「〇〇学級でやっているからやってみない？」「〇〇先生（ベテラン）が教えてくれたからやってみようか！」は言葉の重みとしては上等です。子どもが成功へのイメージを持ちやすく、素直に取り組んでくれます。

かつて筆者には、超ベテランの先生に挟まれていた時期がありました（監視されていた？）。筆者の学級だけ見劣りしないよう、そして子どもたちに見下されないよう、生き抜くスタイルとして別名「虎の威を借るキツネ作戦」を実行することにしていました。

ここだけの話、失敗しても両隣の先生に責任転換できるというメリットもあります。別にいいんです。ベテランの先生たちを利用したらいいんです。これ以上は、言うのが怖いので終わります。でも、効果は本当にありますよ～。

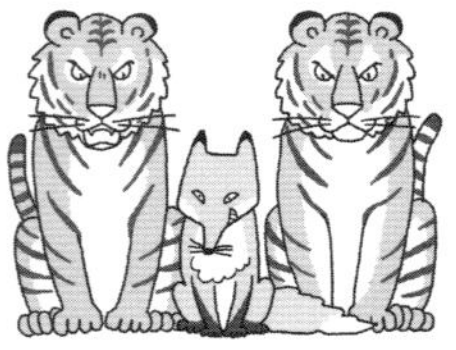

虎の威を借るキツネ作戦

○○学級（ベテラン学級）で取り組んでいるので一度取り組んでみましょう。
○○先生が特別に教えてくれたやり方をやってみましょう。

うちのクラスは当たりだよ!!

子どもたちはどこのクラスが「当たり」なのか、よく観察しています。

自分たちのクラスも「当たり」でいたいと思うのは当然です。

当たりの取組を活用し、子どもが前向きになるようにやってみましょう。

7 自分たちで解決できるようになったよ！

授業やクラス会議などで話し合いを1年続けた最後の日に、子どもたちに話し合いをした感想を話し合ってもらいました。

「自分の居場所ができた」「クラスを自分たちでつくったような感じだった」「友達に認められて、学校が楽しくなった」などなど。これは話し合いを意図して設けなかったら、一日中、授業で発言しない子や友達と心を開いて話せない子がいたかもしれないと、逆に今までの指導を反省した瞬間でもありました。

話し合うことで、普段の何気ない会話がクラスの中で増えました。問題行動も普段話し合う相手とは起きにくいですよね。はじめは受け身で、何かあったら先生に相談するか、問題にかかわらないかの二択しかなかった子どもたちが、自分たちで考え、話し合い、解決していけるようになったのです。

話し合いは、子どもを生き生きとさせ、自立の力を養うのでした。

自分で考え、解決できるようになりました!!

普段の会話が増えたので、嫌なことを言われなくなった。

「どうせ自分なんか……」と思っていたけれど、発言する機会が増え、学級の中に自分がいると実感できました。

うんうん
先生に頼らなくても、問題を解決していったので、自分たちで学級をつくっているような気がした。

だよねー

話し合いを続けていくと「誰が悪い？誰のせい？」と、できていないところよりも、課題をどのようにクリアするのか？ どのように努力していくのか？ といった考えになります。

人に責められない環境が安心を生み、自立を促すのかもしれません。

8 まずは、やってみよう

「学力の低い子・やる気の出ない子がいて、話し合いが成立しない」とか、「今は忙しい」といった声をよく耳にします。これは言い訳で、結局その先生は、指導方法を変えることのできない先生なのではないかと思います。ズバリ、「やりやすいクラスでしか子どもの力を伸ばせません」と宣言しているようなものです。

課題のないクラスなど、どこにもありません。ましてや周りを見渡せば、忙しい先生ばかりです。

筆者自身も忙しい日々を過ごし、過労で心肺停止15分、意識不明の危篤状態5日間を経験しました。その後は、健康第一で勤めていますので、紹介させていただいた内容は、限られた時間と体力の中で無理せずできることばかりです。

みんながみんな、最初から躊躇なく話せるはずもなく、話し合いを楽しめる子どもが少しずつ増えてきたな〜と、ゆる〜い気持ちで臨んでみましょう。

そうです！　大事なのは、やってみようかなと思う気持ちではないでしょうか？

この本が、あなたの実践するきっかけになればうれしい限りです。

おわりに

学校現場では今、アクティブラーニング化が叫ばれています。多くの先生方は、すでにアクティブラーニングを意識し、日々挑戦されていることと思います。簡単そうにも見えますが、やってみるとなかなか難しいですね。

私どもは、現在、教壇に立っておられる先生方に、アクティブラーニングの核となる話し合いをより意味のあるものにしてほしい、より機能するものにしてほしいと考え、本書を刊行するに至りました。現場で役に立つ内容をできる限り取り入れ、使いやすい形にして仕上げたつもりですが、いかがでしょうか。

刊行に際して、学事出版出版部の町田春菜氏や営業部の村井浩平氏には出版を後押ししていただきましたこと、心から感謝申し上げます。いろいろとアイデアを提案していただきながら、刊行に導いてくださり、たいへん勇気づけられました。

立命館大学教職教育推進機構の富永直也先生は、急な依頼にもかかわらず、7章の1「道具を使って演出する」の項目を現場目線でわかりやすく書いてくださいました。

京都教育大学附属桃山小学校の平岡信之先生・若松俊介先生は、話し合いの様子を快く見せてくださり、さらにはたくさんのヒントをくださいました。また、京都教育大学大学院連合教職実践研究科院生の小田紘平さんや熊本瑛人さんは、校正など快く協力してくれました。その他出版に携わってくださった方々にも、厚く御礼申し上げます。

読者のみなさまが、アクティブラーニングにちょっと行き詰った時、本書を見直し、活用していただけたら幸いです。現場で奮闘されている先生方の一助になれたら、私どもにとってこれほどうれしいことはありません。

２０１６年４月　　片山紀子

引用・参考文献

・赤坂真二『赤坂版「クラス会議」完全マニュアル』ほんの森出版　２０１４年
・河村茂雄『日本の学級集団と学級経営』図書文化社　２０１０年
・北川達夫・フィンランド・メソッド普及会『フィンランド・メソッド入門』経済会　２００５年
・絹川正吉「学士課程教育と学びの転換」東北大学高等教育開発推進センター編『大学における学びの転換と学士課程教育の将来』東北大学出版会　２０１０年
・グロービス『ファシリテーションの教科書』東洋経済新報社　２０１４年
・国立教育政策研究所『教育課程の編成に関する基礎的研究報告書５　社会の変化に対応する資質や能力を育成する教育課程編成の基本原理』２０１３年
・佐藤学『学校の挑戦　学びの共同体を創る』小学館　２００６年
・志水宏吉『格差を超える学校づくり』大阪大学出版会　２０１１年
・杉田洋『よりよい人間関係を築く特別活動』図書文化社　２００９年
・田嶋幸三『言語技術が日本のサッカーを変える』光文社　２００７年

・谷川彰英『問題解決学習の理論と方法』明治図書　1993年
・マイケル・サンデル、クリス・クリステンセン『ハーバード超白熱講義』宝島社2011年
・マイケル・J・マーコード著、清宮普美代・堀本麻由子翻訳『実践アクションラーニング入門―問題解決と組織学習がリーダーを育てる』ダイヤモンド社　2004年
・松尾知明『21世紀型スキルとは何か』明石書店　2015年
・松村暢隆・石川裕之・佐野亮子・小倉正義『認知的個性』新曜社　2010年
・溝上慎一『アクティブラーニングと教授学習パラダイムの転換』東信堂　2014年
・諸富祥彦ほか『クラス会議で学級は変わる』明治図書　2010年

７章１のみ　富永　直也（立命館大学教職教育推進機構嘱託講師・大阪大学非常勤講師）

編著者

片山　紀子（かたやま・のりこ）

2001年、奈良女子大学大学院人間文化研究科比較文化学専攻博士後期課程修了、博士（文学）。現在、京都教育大学大学院連合教職実践研究科生徒指導力高度化コース教授。

著書に『新訂版　入門　生徒指導－「生徒指導提要」から「いじめ防止対策推進法」まで』（学事出版・単著）、『アメリカ合衆国における学校体罰の研究－懲戒制度と規律に関する歴史的・実証的検証－』（風間書房・単著）などがある。

講演・研修依頼等のご連絡　noriko@kyokyo-u.ac.jp

著者

森口　光輔（もりぐち・こうすけ）

2015年、京都教育大学大学院連合教職実践研究科学校経営力高度化コース修了、教職修士（専門職）。現在、京都市立小学校教諭教務主任。国立教育政策研究所「教育課程研究指定校事業」（幼小接続）の指定を受け、幼小連携主任を兼ねながら幼小連携に関する研究を行っている。2013年11月、京都市教育委員会より「第12回教育実践功績表彰」受賞。

誰のため　何のため
できてるつもりのアクティブラーニング

2017年2月25日　初版第2刷発行

編著者――片山紀子

著　者――森口光輔

発行者――安部英行

発行所――学事出版株式会社

〒101-0021　東京都千代田区外神田2-2-3
電話　03-3255-5471
http://www.gakuji.co.jp

編集担当　町田春菜
装　　丁　中村泰宏
イラスト　松永えりか
印刷製本　電算印刷株式会社

ISBN978-4-7619-2243-6　C3037